推荐语

在气候变化议题上,周小川同志一直拥有全球视野、创新思维和超前见解。这是一本以经济学思维框架探讨"碳中和"实现路径的书籍。无论是对于政策制定者、研究者、实践者,还是普通读者,这都是一本引领各方推动构建、积极参与"低碳社会"建设的难得佳作,对全球气候治理也具有重要参考意义。

解振华,中国气候变化事务特使、国家发展改革委原副主任

《碳中和经济分析》一书出版得及时!这对于中国政府制定"碳中和"政策和采取应对措施,提供了重要的参考依据。小川行长近年来深入思考了涉及气候变化、绿色金融和治理的理论和实践问题,以资深央行行长的独到视野和精准分析,从政策高度和学术深度提出了一系列富有启发性和建设性的思想,值得我们认真阅读和思考。

金立群,亚洲基础设施投资银行行长

小川行长对"碳中和"的阐述精妙入神,对政策的演化娓娓叙来,对市场的观察析精探微,对宏观大局的把握全球在胸。本书既有技术的基础,也有经济学的分析框架;既有宏观的视野,更有未来的展望,确实值得我们细读深思。

朱民,清华大学国家金融研究院院长

怎样的激励机制才能确保实现"碳中和"要求?在不平衡的世界中碳是否可能统一定价?全球碳市场能否互联互通?回答这些问题需要深入洞见,需要对经济社会现实有深刻理解和全局把握,需要创新思维和缜密分析,更需要胸怀全球的气度和情怀。周小川行长的《碳中和经济分析》一书融思想、方法论和情怀于一体,深邃广大,发人深省。

齐晔,清华大学公共管理学院教授

Zhou Xiaochuan is a world class financial leader whose vision as Governor of the People's Bank of China led to the launch of China's ambitious green finance agenda. He recognized early the importance of greening the financial system and these writings reflect his early thoughts and intentions. The work that he proposed has created the platform for China to become a leader in green finance.

周小川是世界级的金融领袖。他担任中国人民银行行长时的远见卓识,助推开启了中国雄心勃勃的绿色金融议程。他很早就认识到金融系统绿色化的重要性,书中收录的文章正反映了他早期的思想观点和真知灼见。他提议的工作为中国成为绿色金融的领导者奠定了基础。

Henry M. Paulson, Jr., Founder and Chairman of the Paulson Institute,
former US Treasury Secretary
亨利·保尔森,保尔森基金会创始人兼主席、美国前财长

Governor Zhou has been an outstanding leader in ideas and analysis on climate over the last decade. He has thought deeply about how progress on promoting action on climate, sustainability and tackling pollution can be combined with, indeed can reinforce, a new and strong model of investment, innovation, growth and development. He has taken these perspectives and applied them in a systematic way to policy on green finance, carbon pricing and incentives, and the management of risk. In this way, he has been central to shaping ideas and actions on carbon neutrality, climate and growth in China and beyond. This is a book of great importance, capturing the ideas of one of the outstanding economic leaders of our time. The world is deeply in his debt.

周小川行长是过去十年构建气候理念及分析范式的卓越领导者。对于如何把解决气候、可持续发展以及污染问题需采取的行动与投资、创新、增长和发展的强劲新模式相结合,并以此促进新模式形成,他有着非常深入的思考。他将这些观点系统地应用于绿色金融、碳定价与激励机制,以及风险管理的政策之中。基于此,他对中国及全球"碳中和"、气候及增长的理念及行动发挥了核心作用。这本书十分重要,它记录了我们这个时代一位杰出经济领导人的思想。世界应该感谢他的付出。

Nicholas Stern, former Chief Economist, World Bank;
author of the Stern Review on the Economics of Climate Change
尼古拉斯·斯特恩,世界银行前首席经济学家、《斯特恩报告》作者

Governor Zhou Xiaochuan is known world-over for having led the People's Bank of China during a critical phase in the growth and development of China and the world. But he has also led the policy debate on how best to address climate change. This volume brings together some of Governor Zhou's academic writings, speeches, and lectures on the topic, covering foundational concerns of equity and efficiency, practical questions of domestic policy instrument choice, and thorny issues of how best to coordinate international action. It is a must-read for anyone interested in this important subject.

周小川行长在中国及世界增长和发展的关键时期掌舵中国人民银行,举世皆知。一直以来,他还引领了应对气候变化的政策讨论。本书收录了周小川行长关于气候变化政策的多篇学术文章和讲座发言,内容直击效率与公平的根本性议题,既涵盖国内政策工具运用,也涉及国际合作关键性挑战,是关心气候变化政策与实践读者的经典必读。

Zhang Tao, Deputy Managing Director, IMF
张涛,IMF副总裁

Finance plays a fundamental role in the transition to Net Zero and Central Banks are now guiding financial institutions along forward-looking pathways to carbon neutrality. None other than Governor Zhou Xiaochuan is better placed to guide us through China's approach to climate policy. His deep understanding of China's economy, of the role of the financial industry in the economy, and his experience with the systemic consequences of not pricing risk adequately put him in a unique position to analyze the challenge posed by climate change and to formulate fundamental policy principles for how to achieve the transition to Net Zero. I have gained many deep insights from reading this book and I expect that so will anyone seeking to understand China's approach to carbon neutrality.

金融对转向"净零"发挥着根本作用,中央银行指导着金融机构有预见性地推进实现碳中和。周小川行长是引领我们理解中国气候政策的最佳人选。基于对中国经济及金融之作用的深刻理解,对风险定价不足带来系统性影响的丰富经验,他对气候变化的挑战、转向"净零"的基本政策原则作出了独特而非凡的分析与论述。通过阅读此书,我收获了很多深刻的观点,相信任何一位希冀了解中国迈向"碳中和"之路的读者都会与我一样受益匪浅。

Patrick Bolton, Professor, Columbia Business School
帕特里克·博尔顿,哥伦比亚大学商学院教授

碳中和经济分析

——周小川有关论述汇编

杨燕青　程光◎编

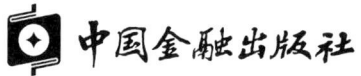

责任编辑：黄海清　童祎薇
责任校对：潘　洁
责任印制：张也男

图书在版编目（CIP）数据

碳中和经济分析：周小川有关论述汇编/杨燕青，程光编.
—北京：中国金融出版社，2021.5
ISBN 978 – 7 – 5220 – 1165 – 3

Ⅰ.①碳…　Ⅱ.①杨…②程…　Ⅲ.①中国经济—低碳经济
—经济发展—文集　Ⅳ.①F124.5 – 53

中国版本图书馆 CIP 数据核字（2021）第 084159 号

碳中和经济分析——周小川有关论述汇编
TAN ZHONGHE JINGJI FENXI：ZHOUXIAOCHUAN
YOUGUAN LUNSHU HUIBIAN

出版 中国金融出版社
发行
社址　北京市丰台区益泽路 2 号
市场开发部　（010）66024766，63805472，63439533（传真）
网 上 书 店　www.cfph.cn
　　　　　　（010）66024766，63372837（传真）
读者服务部　（010）66070833，62568380
邮编　100071
经销　新华书店
印刷　保利达印务有限公司
尺寸　155 毫米×230 毫米
印张　10.75
字数　116 千
版次　2021 年 5 月第 1 版
印次　2021 年 7 月第 3 次印刷
定价　45.00 元
ISBN 978 – 7 – 5220 – 1165 – 3
如出现印装错误本社负责调换　联系电话（010）63263947

序

  2020年1月,新冠肺炎疫情到来之前的达沃斯小镇,新闻中频现的"暖冬"和屋檐上正在融化的薄雪,贴切地呼应了彼时全球政策制定者热议的主线议程:可持续发展、气候变化和环境危机。如若不是突如其来的新冠肺炎疫情席卷全球,整个世界2020年的关键词会是——气候变化。

  气候危机早已到来。2019年,当人类面对有记录以来的最高气温、格陵兰岛一天融化125亿吨冰的严峻现实时,全球的中央银行家也意识到,将气候变化纳入金融和货币政策框架,已是箭在弦上。在这一年的国际货币基金组织(IMF)秋季年会上,最火热的一场辩论议题即是"气候变化中的金融和货币政策"。

  而在此前的2018年,第50届诺贝尔经济学奖被授予耶鲁大学构建了气候经济学定量模型的诺德豪斯(William Nordhaus)教授,这意味着,主流经济学宣称,气候变化已经成为当下经济学的核心议题。

  有人说,当全球的政策制定者、中央银行家和经济学家不约而同聚焦同一议题时,往往为时已晚,威胁已迫在眉睫。联合国政府间气候变化专门委员会（IPCC）测算，人类只剩十年左右时间，将目前的碳排放削减一半，才能将全球气温升高限制在1.5℃以内。若像巴黎协定拟定的升温2℃，会造成严重的环境后果。

毋庸置疑，亡羊补牢、采取行动已经刻不容缓。此时，最重要的问题即是，我们应当以怎样的分析范式、计量体系、机制设计和政策框架来采取行动，才可能实现最优效果，避免最坏局面？

值得注意的是，早在十多年之前，中国的一位政策制定者、中央银行家、经济学家就已经提出了一套思考碳减排经济分析的完整模型和政策框架。这些思考随着时间的推移继续深化积淀，演化出更多参数和应用场景，并在近期和最高决策收敛于同一方向。

一、气候政策："中国式"演变

中国2009年出席哥本哈根联合国气候变化大会时发生的故事令知情者印象深刻。当时的主导思想、立场、文件，跟现在相比显然有本质不同和巨大差异。当时很多的考虑是担心发达国家利用碳排放来抑制中国经济的快速增长。同时，发达国家在《联合国气候变化框架公约》（UNFCCC）中承诺的给予发展中国家，特别是低收入发展中国家资金和技术上的支持也没有真正兑现，因此，戒备心理很容易盛行。

应当说，污染物和PM2.5推动了中国国内环境政策思维的转变。党的十八大以来，中国又逐步转向关注全球性环境问题,并认真考虑自身的角色和责任。特别是G20杭州峰会强调绿色发展和绿色金融以来,思路的转变已经非常清晰。

在国内和国际舞台上,中国人民银行等部门在其中扮演了重要角色。国内,2016年8月,人民银行等七部门联合发布《关于构建绿色金融体系的指导意见》,第一次系统性地提出了绿色金融的定义、激励机制和绿色金融产品发展规划及风险监控措施;2017年6月,中国国务院批准设立浙江、广东、新疆、贵州、江西五省(自治区)绿色金融改革创新试验区。

国际上,在2016年我国任G20轮值主席国期间,人民银行在周小川行长的领导下,首次将绿色金融引入G20议题,并发起成立了由人民银行和英格兰银行共同主持、联合国环境署担任秘书处的G20绿色金融研究小组。2016—2018年,研究小组连续三年完成《G20绿色金融综合报告》,有关政策建议被纳入G20峰会成果,有力地推动形成了发展绿色金融的国际共识。2017年底,人民银行又与法国央行、荷兰央行、德国央行、瑞典金融监管局、英格兰银行、墨西哥央行、新加坡金管局等8家机构共同成立了央行与监管机构绿色金融网络(NGFS),几年来队伍不断壮大,近期成员已达75家。

2020年9月,国家主席习近平在联合国大会上庄严宣布,"中国二氧化碳排放力争2030年前达到峰值,努力争取2060年前实现碳中和"。

二、碳市场:总量、价格和激励机制

国家大政目标已定,然而,围绕落地政策的设计却远未清晰，也不乏混乱思维、明显误区和"刻意空白"。由此才能理解本书主人公中国金融学会会长周小川近来在多个场合大声疾呼背后的"拳拳之心"。

例如，到 2030 年，中国单位国内生产总值二氧化碳排放将比 2005 年下降 65% 以上，但排放总量究竟是多少，并不清晰，各家分歧也不小。周小川在本书中分析道，这可能会是出于两种考虑：一是继续不使用绝对量指标；二是实际上我们自己的基础数据工作没做好，没办法拿出一致且可信的数据，并依此进行计量和规划。

周小川强调，**总量目标非常重要**。首先，在应对气候变化的具体工作中，需要很多微观的数量化指标和数据基础，但确定微观数量化指标的前提就是要有总量目标。其次，碳目标实现需要依靠激励机制，而激励机制也要在总量目标清晰的基础上才能被计算、设置和完善。此外，从价格形成的角度可以清晰地看到，总量与价格之间是对偶关系。如果没有明确的总量控制，价格形成会有问题。

当然，在分解总量的路径上，也一直存在争论，争论反映了宏观政策思维方式的取向：第一种思路是用行政办法分解任务；第二种思路是人民银行、金融界主张通过**配额和市场交易机制**，提供更好的激励机制和财力配置。

周小川认为，当前全球是人类命运共同体，是地球村，在大气层中并不能分出温室气体是哪个行业排放的，每一吨二氧化碳对人类经济社会的负面影响是一样的，消化或者减少每一吨二氧化碳所需要的综合代价（而不是边际代价）也应当是一样的，**因此碳价应该是同一个价格**。至于各个行业的绿色溢价可能不一样，即期的边际效应不同，可以通过不同的产业政策、财政政策等政策安排来实现不同的激励机制。

此外，我国目前碳交易市场还不够统一，存在分割，各市场碳价格不一致，也给定价带来很多问题。**要实现碳价格一致，既要总量目标清晰，也需要各个碳市场实现连通和统一**。

周小川还特别强调，今后几十年，**实现碳排放目标将主要依靠投资来促进新能源供给和提升节能、低碳的使用**。因此，对于投资的激励就至关重要。**对投资的激励应当通过配额交易或者碳税来获取并体现回报**，也就是说碳排放多的主体应该交出一部分资金来支持减排投资，特别是重点行业、企业，通过碳配额交易或碳税来承担责任并支持大规模的减排投资。此外，**还须引导跨期投资来替代高碳排放的活动**。碳市场在这方面给出投资信号，特别是通过碳市场衍生产品，如碳期货、碳远期等给未来的生产投资提供核算和风控。

三、碳税 VS 碳市场

关于碳的减排优先选择碳税还是碳交易市场，国际和国内都存在不同主张。周小川认为，碳税往往集中在财政手里，而财政要将其进行最优配置并不容易。此外，当前许多国家财政都面临着高债务、高赤字，尤其是在国际金融危机和新冠肺炎疫情之后，赤字和债务已经非常高，碳税所提供的资金是否能够全部用于碳减排、碳吸收等环节，是要打个问号的。与此同时，世界上有上百个主权国家，税收是各国自己主权内的事务，税基怎么定，税率是多少，国际上也很难进行协调，难以确定一致的做法。

周小川明确指出，**与碳税相比，碳市场的定价功能更加有效，即便采用碳税，碳税的税率也应该参照碳市场所形成的价格**。在他看来，**碳市场本质上是一个金融市场，需要资金的期限转换和风险管理**，在投资和投资见到最终效果期间，有很多风险，需要利用衍生品市场来管理全过程的各种风险。碳市场的跨期产品，就是要用未来的碳配额收入以及未来碳配额的期货价格，通过金融市场转变成当前的投资，即用未来的碳减排或碳沉降所能够拿到的收入来支持当期的投资。

此外，从碳市场的角度看，**还需关注结构和重点**。周小川强调，要把"排放大头"抓住。最大头是电力行业，有人测算，到2060年电力碳排放占比将达70%甚至更高。电力行业如果没抓好，再怎么抓其他行业，碳减排最终目标也难以完成。此外，**重视发电行业减排，需要削减煤炭**。中国对煤炭的依赖率太高，削减化石能源，首先就是要削减煤炭。

四、"碳全球观"：边境和连通

在气候变化这个议题上，周小川一如既往地展现出国际视野、创新思维和超前洞见。

关于跨国界领域的排放问题，周小川指出，二氧化碳升到空中以后，理论上就已经分不清国界了。从目前全球治理仍然是以国家为主体的结构来看，也只有要求**各个国家控制好自己的碳排放**，这样全球才能实现碳中和。但也必须看到，存在一些明显超过国界的碳排放，特别典型的就是国际航线的飞机、国际贸易的海运，虽然其二氧化碳的排放量并不是太大，但是未来要实现全球碳中和，也是必须要考虑的内容。

在全球语境下，更难权衡的是，在碳减排过程中生产和生活的投入成本提高了，可能影响产出竞争力以及供需关系，有可能因为通货膨胀过高造成经济衰退，所以需要**把握好碳减排的进度，把握好创造 GDP 流量需求与成本控制之间的平衡点**。如果**全球能共同切换能源结构，则相对竞争力的变化是不显著的**。如果不同步，就会产生各种顾虑，有人会测算碳脚印（Carbon Footprint），并主张据此征收"边境调节税"。对此，周小川认为，若真要征收"边境调节税"，应要求**西方国家把征收边境调节税的所有收入全部用于购买发展中出口国家的负值碳配额，支持发展中国家或者具体出口国的减排**。

周小川还创新性地提出**"全球碳市场连通机制"**。他认为，可以学习中国金融市场的做法，建立类似沪港通、深港通、沪伦通、中德 D 股通，把全球范围内各个国家的碳市场进行市场可控的连通。形象地说，相当于每个国家的市场都是一个盛水的大容器，各大容器的水位可能不一样，但如果这些容器下面都用一些小管子加以连接，就有助于它们间的水位趋同。起步阶段，可以允许发展中国家每年有一定数量的负值碳配额拿到欧洲碳市场去卖。这对于未来碳市场定价的合理性有帮助，对新兴市场也有颇多益处。

五、"碳经济学"：有配额的一般均衡

前文述及，诺贝尔经济学奖得主诺德豪斯的综合评估定量

模型（IAMs）包含碳循环（二氧化碳浓度）、气候（全球气温）、经济增长三大相互作用的模块。其最大突破在于简化了物理、化学等自然科学部分，建立起将气候和经济问题一道分析的框架，并最终被政策制定者理解和运用。如果说诺德豪斯模型运用的是交叉学科研究办法，那么，本书所收录的文章的作者——中国金融学会会长周小川运用的则是数学规划和经济学的等价模型方法。

2008年前后，时任中国人民银行行长的周小川在繁忙的工作间隙，凭借深厚数学功底和灵感思维提出了"有配额的一般均衡"分析框架。一般认为，配额是非市场经济的做法，难以被纳入一般均衡模型（General Equilibrium，GE）。周小川提出，可以采用不等式约束条件下求解非线性规划的库恩—塔克定理来求证 GE 模型和 RP（Recursive Programming）模型的等价性，即追求特定目标最优化的经济思维与一般均衡的技术思维是一致、等价的。

这意味着看似不同的经济思维可以殊途同归，最终得出一致的结论。也就是说，对于在某一组约束条件下追求经济增长或经济福利最大化的优化思维而言，优化的过程还需要将市场供求关系所决定的影子价格回置到目标函数，并维持所有稀缺经济资源的供求均衡。

在一个优化模型中，将碳排放作为一种约束加入约束条件集合是相对容易的，在概念上也易于理解。在 RP 模型中增加碳排放的附加约束条件下，生产不能像以前那么充分，这会导致 GDP 有所减少，结构优化也会得出不同的结果。可以设立一个二氧化碳的影子价格，用于反映边际排放量对 GDP 的负贡献率，或边际减排量（含碳沉降或碳汇）对 GDP 的正贡献率，这也是完备碳市场条件下的碳配额交易价格。**在配额总量约束下，如果让市场供求关系来决定配额价格并实现市场分配，仍会实现有配额的一般均衡，即价格体系会有所移动，但仍是由市场体系所决定的，市场经济基本框架仍可依旧运行。**

按 RP 模型的概念来推导，可知碳市场价格及其所导致的配置是一种最优配置。言外之意是，如果配额价格及分配不由市场来决定，包括总量约束不清晰，则会对市场经济基本框架产生若干未知的影响。这也意味着其他控制碳排放的管理方式可能劣于最优配置。

本书汇编了周小川会长在 2008—2021 年关于气候变化、碳减排、绿色金融和绿色治理领域的多篇思考结晶和学术成果，其中既有严整的学术分析，也有其作为 G20 会议主席的即兴发言和点评，更多的是展现深厚丰富内容和深邃灵动思想的讲座实录。因此，为体现原汁原味，编者未作具体内容的梳理和编排，仅根据内容主线进行了时间顺序上的微调。

"3060" 目标的提出，为我国应对气候变化、迈向绿色转型、实现绿色发展描绘了宏伟蓝图，但同时也意味着面前的任务极其艰巨。这一任务的如期完成，要求国内战略落实者和政策制定者以实事求是和勇于担当的精神厘清数据、研判当下和未来，以系统最优化和创新的设计建立实施框架，扎扎实实推进落实。同时，也需要各行各业、社会各界和公众达成共识，在减排路径、方法、融资等具体层面形成合力。最后，在地球村的语境下，还需要全球各国摈弃"以邻为壑"思维，以"连通市场"的"全球观"分担责任，共同担当，为后代留下

"绿色地球"和绿水青山。

围绕应对气候变化和绿色发展，呈现在读者面前的这本周小川会长的论述汇编，无缝打通了严整的学术思考和复杂的政策制定，横跨国内和国际两个维度，既高屋建瓴，又紧接地气，系统思考之中闪现创新思维。希望此书的出版，引发专家学者、业界人士和政策制定者展开广泛深入的辩论和交流，探索出"中国绿色转型和绿色发展"的最优路径，并推动全球绿色治理，以"全球观"求解气候变化难题，贡献中国智慧。

本书编者

2021 年 5 月

目　　录

推动绿色融资促进可持续发展／1
——2018 年 5 月 9 日在 CCIEE 与保尔森基金会联合举办的
　　"2018 年可持续性年会"开幕式上的演讲

夯实应对气候变化的数据与计量基础／4
——2021 年 3 月 22 日在 50 人论坛 "3060 碳达峰碳中和的
　　实现路径和经济金融影响" 研讨会上的发言

构建清晰化的碳排放总量年度目标／16
——2021 年 1 月 17 日在中国金融 40 人论坛 "金融支持碳达峰、
　　碳中和：国际经验与中国路径" 双周圆桌会上的发言

建立碳市场需要提供的主要功能／25
——2021 年 4 月 20 日在博鳌亚洲论坛年会 "金融支持碳中和"
　　圆桌会议上的发言

碳价格传导机制至关重要／31
——2021 年 5 月 9 日在 "2060 展望碳中和：能源、技术与
　　投资" 交流会上的发言之一

要重视国际沟通能力和话语权：边境调节税和碳市场连接 / 37
——2021 年 5 月 9 日在"2060 展望碳中和：能源、技术与投资"交流会上的发言之二

对中金公司《碳中和经济学》研究报告的读后讨论 / 42
——2021 年 3 月 23 日在中金公司"碳中和 2060"论坛上的讲话

绿色发展和绿色金融 / 52
——2019 年 6 月 17 日在清华大学五道口金融学院"中央企业金融创新与经济发展专题研讨班"上的讲座

碳配额交易与减排融资的经济分析 / 69
——2009 年 10 月 15 日在北京大学资本市场论坛上的演讲

碳减排的经济分析：一般均衡框架中的配额机制 / 92
——2008 年 6 月 13 日在中国人民银行学术讲座上的讲话

碳中和所需要的思维转变 / 111
——2020 年 11 月 25 日在《财经》年会上的讲话

气候变化与公共治理 / 120
——2020 年 11 月 7 日在清华大学公共管理学院全球学术顾问委员会会议上的发言

2016 年 G20 对绿色金融的讨论 / 126
——2016 年 2 月 27 日和 7 月 25 日在 G20 财长和央行行长上海会议和成都会议上的主持发言

利用金融市场支持节能减排工作／141

——2007年7月为国家环境保护总局《绿叶》杂志撰文

金融服务应关注并支持新的经济增长点：扩大内需、
  升级换代、关注气候、支持减排／146

——2008年12月13日在《财经》年会上的演讲

推动绿色融资促进可持续发展

——2018年5月9日在CCIEE与保尔森基金会联合举办的"2018年可持续性年会"开幕式上的演讲

党的十九大和"两会"的成功召开标志着中国开启了新时代,新时代需要新动能,新时代更需要可持续发展。

今年是中国改革开放40周年。过去40年,中国经济保持了长时间的高速增长,中国一举跃升为世界第二大经济体。但与此同时,我们也付出了资源枯竭、环境污染和气候变化等沉重代价:持续的雾霾天气、严重的水土污染和生态退化成为制约中国经济发展的瓶颈。这让我们清醒地认识到,以牺牲环境资源为代价的经济发展模式是不可持续的。

在新时代,经济发展绝不能再走以前的老路,必须秉承"绿水青山就是金山银山"的理念,坚持走可持续发展道路,实现经济绿色转型和绿色发展,通过减少未来的补偿成本来增强经济发展的可持续性。但是,实现这一目标所需资金量是巨大的。有预测显示,未来5年里,中国每年需要投入至少2万亿~4万亿元人民币来应对环境和气候变化问题。因此,必须构建绿色融资机制,充分调动各方面的资金。

中国的绿色融资体系建设已取得初步成效,并走在了全球的最前列。中国"十三五"规划已提出"建立绿色金融体系"。2016年8月,人民银行等七部门联合发布的《关于构建绿色金融体系的指导意见》,第一次系统性地提出了绿色金融的定义、激励机制及绿色金融产品发展规划和风险监控措施,成为中国绿色金融发展的纲领性文件。2017年6月,国务院批准设立浙江、广东、新疆、贵州、江西五省(自治区)绿色金融改革创新试验区,中国绿色金融发展进入"自上而下"的顶层设计与"自下而上"的底层探索紧密结合的新阶段。经过近一年的主动探索,绿色金融试点已取得积极进展。此外,中国已是全球第二大绿色债券发行国。2017年,中国绿色债券发行量达371亿美元,同比增长4.5%,约占全球总规模的22%。

整体而言,中国绿色金融发展态势良好,但面临的问题也不少,例如绿色金融产品和服务创新有待加强,绿色标准体系不统一,环境信息披露以及第三方评估制度等尚不健全。为解决这些问题,我们必须作出更多努力。

一是充分发挥金融市场支持绿色融资的功能。进一步发展绿色信贷、绿色债券以及绿色信贷资产证券化;积极支持符合条件的绿色企业上市融资和再融资;完善环境权益交易市场,丰富融资工具,发展基于碳排放权、排污权、用能权等各类环境权益的融资工具,拓宽企业绿色融资渠道;稳步发展碳远期、碳掉期、碳基金等碳金融产品和衍生工具,探索开展以碳排放权、排污权和碳收益权等为抵(质)押的绿色信贷融资机制;提高绿色金融发展的内生动力,加强绿色金融风险防范。

二是夯实绿色金融基础设施和制度建设。推动统一绿色金融标准体系;健全环境信息披露制度,推动出台上市公司和发债企业环境信息披露制度等；加强第三方评估，逐步建立银行绿色评级机制；完善促进绿色金融发展的正向激励机制，建立绿色产业基金，加大政府税收优惠、风险补偿以及信用担保等支持；加强绿色投融资领域的立法，明确贷款人的环境法律责任等。

三是进一步加强在绿色融资方面的国际合作。在现有国际合作的基础上，加强绿色标准、绿色评级、绿色信息披露等方面合作，推动绿色金融发展经验的分享、传播以及相关的能力建设，促进绿色金融健康发展。

夯实应对气候变化的
数据与计量基础

——2021年3月22日在50人论坛"3060碳达峰碳中和的实现路径和经济金融影响"研讨会上的发言

最近大家都在学习和领会习近平主席2020年在联合国大会和气候雄心峰会上的讲话，前不久中央财经委第九次会议研究了实现碳达峰与碳中和的基本思路和主要举措，媒体对这个问题也有大篇幅的报道。我没有这方面的专长，但跟大家一样，关心气候，关心空气质量，关心环境，所以对这个问题也发表过一些意见。当然，气候变化问题中碳市场的发展与金融业关联较多，从金融市场角度出发，我们很早就开始关注有关的问题。

习近平主席提出"3060"目标，指导了我国在碳排放领域的思维转变。过去在碳排放问题上，我们主要强调发展中国家不能承担过多义务，发达国家必须给予资金和技术支持，中国因GDP增长快，主张使用碳排放强度类相对性指标，对外可承诺增量而不承诺绝对量等。那时认为，中国人均碳排放不高，累计碳排放在世界上也不算高，说明中国碳排放还有很大的空间。过去的这类想法与习近平主席提出的"3060"目标是不一致的，因为不管中国GDP增长多快，人均碳排放量多寡，也不管历史累计量是多少，到2060年都要实现碳中和，也就是净零排放。虽然2030年前或许还可以有一些数据上的弹性，但后30年就必须按绝对量来规划和落实，最终达到净零排放。

第一，总量目标的清晰化尚存距离。2030年的目标明确了碳排放强度减少65%等任务，但排放总量究竟是多少还不清晰，听起来各方分歧也不小。显然年度碳排放的总量规划尚不清晰，这可能会是出于两种考虑：一是继续不使用绝对量指标，可以在数字上"打太极拳"，特别是打给外国人看；二是实际上我们自己的基础数据工作没做好，没办法拿出一致且可信的数据，并依此进行计量和规划。2020年中国的碳排放，多数机构认可并使用的数据大概是100亿吨，而2005年并没有官方或权威公布数字；对未来10年GDP的平均增长率也有不同假设，这样算下来，各个机构对2030年碳排放峰值绝对量的预测很不一样，从101亿吨到112亿吨，各种数字都有。比如，中金公司最近出的《碳中和经济学》报告中采用的2030年中国碳排放峰值为108亿吨，但中金公司也没有2005年的准确数据，是根据2017年有关部门公布的当年数字及碳排放强度比2005年下降了46%推算出来的。另外，中金公司假定未来10年的GDP增速是年均增长5%，但刚才说的101亿吨碳排放峰值也是用GDP年均增长5%来计算的，显然是由于对2005年基数和口径（毛排放还是净排放、二氧化碳还是温室气体等）的掌握不一造成的。各家计算的依据不一样，得出的规划数据也不一致，这就需要推敲。在气候雄心峰会上，习近平主席进一步提出了我国应对气候变化的几项重要指标：到2030年，中国单位国内生产总值二氧化碳排放将比2005年下降65%以上，非化石能源占一次能源消费比重将达到25%左右，森林蓄积量将比2005年增加60亿立方米，风电、太阳能发电总装机容量将达到12亿千瓦以上。在这四个目标中，有两个涉及2005年的基础数据，但是目前尚未看到官方的或者权威的基础数据，因此还需要去猜度，或者用不同的假设条件去推算。人们必然会产生疑问，要么是数据基础工作没做好；要么是数据透明度不高，不肯给出权威的或者官方的数字。

如果要按2030年的碳排放强度来安排任务落实，还要考虑GDP的可比性。尽管对未来十年GDP年均增长的预测，不同的人用不同的假设，有的用5%，有的用5.5%，也有人用6%，甚至还可以用其他增长率，但显然都不应使用名义GDP来计算并比较碳排放强度，用到的应是可比GDP，要与2005年GDP有可比性：可以用GDP平减指数找出可比GDP，或者采用增长率数据，对此不会有什么分歧。但这里也需要略加小心，有时候增长率的年初数据（初步核算数）、初步核实数、最终核实数以及普查后修正数差距会很大（特别是2005年、2006年、2007年），比如2007年GDP增速的初步核算数、初步核实数、最终核实数以及普查后修正数分别是11.4%、11.9%、13%和14.2%，最大值和最小值之间居然相差2.8个百分点。如果用的不是可比数据，计算出来的碳排放强度差距就会很显著。此外，如果用减排强度来衡量目标的话，只要GDP增长率数字上去，就会给中国2030年继续多排放提供很多弹性空间。

有人提出疑问，如果有关部门已经掌握2005年以来中国碳排放强度的下降比率，且其间GDP增长率或平减指数相对而言又比较可靠，则有关部门不可能不知道2005年碳排放总量。否则碳排放强度下降46%（2017年相比2005年）的报告数是怎么得出的？

显然这是矛盾的。

从技术上讲，如果没有年度总量数字，减排任务怎么分解？效绩如何考核？碳市场定价又怎么形成？显然都存在无解的问题。此外，总量数字明确，也涉及未来40年整个减排进程的动态安排，整体安排上是前快后慢、前慢后快还是匀速推进，该如何达到优化的选择，等等。此外，也需要评估过去15年（2005年到2020年）中我们究竟有多大进展，在减排方面做出了哪些成绩。未来10年（2020年到2030年），我们又希望安排多大的进展，减排是否落实及如何得以加强？总之，不管从规划角度还是实际工作进度来讲，如何选择优化的进度安排（前松后紧还是前紧后松），首先必须把数据基础、计量基础和分析基础做实，特别是总量目标要清晰。

第二，必须抓好重点，优化结构。总量明确以后，各个行业都应该对减排给予重视，行动起来加以落实。但从全局来讲，还必须弄清楚减排的重点在哪。这里有一个"西瓜"与"芝麻"的衡量问题，千万不能丢了"西瓜"去捡"芝麻"，一定要把"西瓜"抓住，也就是"排放大头"[①]。那什么是最大头呢？大家都知道是发电行业，其碳排放占比世界平均是41%，中国还要高，大概是52%。未来我们还会多用电，少用化石能源，也就是通过用电来替代直接的化石能源，同时将发电转化为绿色电力或者零碳电力。有人测算，到2060年电力占比将达70%甚至更高。因而电是"最大头"，电力行业如果没抓好，再怎么抓其他行业，碳减排最终目标也完不成。习近平主席在气候雄心峰会上提出，非

[①] 仅讲碳排放还不够全面，应该用温室气体（GHG）的概念，因为还要加上甲烷等气体排放，当然，二氧化碳在整个温室气体里占比高达90%甚至更多，所以抓住这个大头是对的。

化石能源占一次能源消费比重将达到25%左右，风电、太阳能发电总装机容量将达到12亿千瓦（也就是1.2TW）以上。据报道，2019年非化石能源在一次能源中占的比例约为15%，到2030年要提高到25%，这是既艰巨但也不离谱的目标。从装机容量上看，我们现在风电、光电新装机容量大概是0.056TW，如果提高50%，也就是平均新装机0.084TW，10年下来就装机0.84TW，加上现存累计装机0.41TW（2019年的数字），就达到1.2TW。这也不是太艰巨的任务，因为设备制造和安装能力上来了，而且价格也慢慢变得有竞争力了。

不过需要注意的是，目前一部分分析人士对电力行业减排转型给出了过分乐观的看法，忽视了非化石电源及输配电的技术难度。虽然说风电、光电技术的提高已显著降低了装机和运行成本，但真正提高其在发电总量中的占比不仅靠装机进度，还有赖于多项研发与技术的提高，不能简单化地把电力行业的绿色溢价估为负值（即过分乐观）。

装机容量要通过年均发电小时及电网接纳能力的数据分析，把装机容量变为年度发电量供给。在这里不同发电设备的年均发电小时数就变得非常关键。我给非电力专长的经济学者一组轮廓性的概念（为方便记忆，数字作了近似），光电年发电小时数大约是1500小时，风电是2500小时，水电是3500小时，煤电或者火电主力是4500~6500小时，核电是7500小时。可以看出，不同发电来源的年均发电小时差别是很大的。中国的实际数还略小于这组数，目前中国光电的年均发电小时数还不到1300小时，光照弱的地区连1000小时都到不了；风电实际上也只有2100小时左右；火电可以高达6000小时以上，但目前中国实际上火电年平均发电小时数还没到 4500 小时，只有 4200 小时。因此，光电和风电，即便装机容量上去很快，它们在总发电量中的占比还是不能高估。另外，由于是间歇式发电，需要比较高的电网技术、电网水平和储能设备，尤其是储能，可能还要取决于未来科技的发展。在我国，风能和光能丰富的地区（年均发电小时高于均值）往往不是人口和产业聚集地区，需要长距离输电，尽管超高压输变电技术已较成熟，但建设成本的摊入和线损成本（目前约 6%）也是不可忽视的。这一类技术上、经济上的因素与电网运行中的弃风、弃光现象有内在联系。因此，并不像有些同志那样乐观，看到风电、光电装机容量上升很快，就说中国有底气率先实现目标。事实上任务还是很艰巨的，风电和光电在实现"3060"目标中发挥作用还要大量依靠研发和投资，不能把事情看得太简单。

重视发电行业减排，尤其需要削减煤炭使用。中国对煤炭的依赖率太高，削减化石能源，首先是要削减煤炭。这里面有一个数字值得关注。今年"两会"期间煤炭协会发布报告称"十四五"末期中国煤炭年产量将控制在 41 亿吨。这是什么概念呢？2012 年中国煤炭年产量达到 39 亿吨，后面略有减少，2020 年又回到 39 亿吨。如果到 2025 年的 5 年规划期末还打算再增加 1 亿多吨，这个数字不太令人鼓舞，会使得后面的削减任务非常艰巨。这里面或许存在一种可能，那就是在"十四五"规划制定过程中，可能还没来得及理解习近平主席在联合国大会及气候雄心峰会上的讲话精神，因此"十四五"规划中的碳减排或者说温室气体减排方面的目标和内容较弱，不饱满。这些指标和落实内容是不是需要再研究，是值得考虑的。

刚刚谈到了从装机容量转换到发电量，接下来再谈谈新增装机容量所需投资的资金量,即多大的投资才能达到所需的装机容量,这里主要包含装机成本,但电网、储能、调峰、输配电投资成本也是绝对不可忽视的。如果只看装机成本的数字,很容易受到鼓舞,因为风电、光电装机成本已降到比较低,比火电和核电低。核电是最贵的,但核电投产后一年会发电7000多小时。目前,火电的投资回报率仍是最具竞争力的,但如大幅减排,可能需要碳捕获与存储(CCS)设备及投资,投资成本显著上升。此外,CCS运行成本也很高,会使厂用电大幅上升约20%。当然,CCS技术上还不成熟,有待发展,中国需要特别关注并加以支持。这些都要放入对电力行业未来投资量的测算里面,只算新型电源的装机成本显然是不够的。然后要问,电力方面的新投资未来靠什么回收?如果仅靠供电收入本身的回报是不够的,必须靠碳市场(或者碳税)来补充,才能有足够的激励机制,从而吸引足够的投资。

此外,从行业结构来看,中国过去习惯用生产法说第一产业碳排放多少、第二产业碳排放多少、第三产业碳排放多少,中国第二产业碳排放特别多,在电力使用中占比近70%,这在世界上是罕见的。这种划分方法与国际上是有差别的,导致不太好作国际比较。欧美的碳排放第一大行业是发电,第二是交通,第三是建材(含建筑钢材)与保温。如果在电力、交通和居住三组分下大功夫的话,80%以上的碳减排问题可以得到解决。这种划分方法强调了人类居住的耗能和碳排放,人类居住需要建筑、城镇化、一部分基础设施及保温(供暖及制冷),从而需要大量钢材、水泥、铝材,这三项的碳排放占了第二产业生产方排放的一多半,为此要相当重视。如果把居住有关的大部分排放放在第二产业里，容易产生误解和误导。当然，正如前面所说，钢铁和建材行业将来应大量使用清洁电力和绿氢，而放弃现在烧煤、油和气的生产工艺，进而把减排负担转移到发电业，因而电力行业的绿色改造更重要。此外，中国正处于城市化大幅向前跨进的阶段，对于建筑保温性能的重视程度还不够，未来建筑保温问题也会在碳排放中占据不小的比例。总之，结构方面要弄清楚才能作优化，这也需要大量的基础数据、参数及大量计量，并相应设计好各项指标体系，以提供合理且充分的激励机制。

第三，略谈GDP与财富。碳减排后可能会影响GDP，影响通货膨胀，影响经济增速，对此问题该怎么看？GDP是流量，财富是存量，该如何看待碳中和与这二者之间的关系？

从流量的角度，有一句话叫"旧的不去，新的不来"，需求可以不断地更新，流量就能维持或者增加，就像一些人不管穿不穿，总不断地买新衣服，衣柜里挂了一大堆，GDP就上去了。从这个角度讲，发电原来用的是煤电，设备的寿命还未用足，现在就要改成风电、光电、核电，显然有些浪费，但这一更换，需求就上去了，供给上又有潜能，实际上起到增加GDP的作用。欧洲人就很强调这一点。即便说，假如现在判断失误，事后发现温室气体效应的理论是错的，或威胁没那么大，那么减排不就白干了吗？虽然白干了，但毕竟GDP的新需求上去了。就像买了衣服而根本没穿过，但GDP已增加了，只是这种GDP增长会产生浪费，没有积累财富。举个例子，我们不少农民工到城里打工，挣了钱回家盖房子，盖了房子也不怎么回去住，过了十年又拆了盖新的，这就相当于没有多少财富积累。欧洲很多房子都是一两百年前盖的，甚至更久，现在还接着用，这就体现财富积累；还有一些财富甚至可以升值,比如艺术品。所以,即便气候变化理论搞错的话,用风能、光能把化石能源给提前淘汰了,GDP会因此往上走,但财富并没有得到积累。这就涉及财富和GDP的关系。有人只说碳减排会造成大量浪费,对此应当从经济学的流量和存量角度来予以准确把握。更重要的一点是,财富的计量也是有难度的,而习近平总书记关于金山银山的重要论述说的就是财富,未来对环境和气候的财富估值会远远大于荒废火电厂造成的财富浪费。

其实,真正难权衡的是,在碳减排过程中生产和生活的投入成本提高了,可能影响了产出竞争力以及供需关系,有可能因为通货膨胀过高造成经济衰退,所以需要把握好碳减排的进度,把握好创造GDP流量需求与成本控制之间的平衡点。说到竞争力,如果全球能共同切换能源结构,则相对竞争力的变化是不显著的。如果不大致同步,就会产生各种顾虑,有人会测算碳脚印(Carbon Footprint)并主张据此征收边境调节税。

第四,风险控制与贝叶斯决策。金融中大量的业务实质上就是管理和控制风险。在气候变化方面,金融方面现在最大的风险就是,如果不重视减排,可能造成投资失误,如有些在建项目中途会被叫停,或者未来因价格调整、人们思维改变、产品提前停用等,导致原来认为能盈利的项目变为不盈利甚至亏本。对这类气候变化引发的风险要高度重视,比如建设电厂,要按20年、30年甚至更长时间来算账,这当中有关碳减排的配额、价格、政策都需要预测,财务上就很可能出问题。这是微观层面的风险控制。

还有一类是宏观上的风险控制,涉及GDP、财富、经济效率、竞争力，很多测算都是概率性的，包括气候变化理论对错的风险。处理这类问题，有一种权衡办法，就是贝叶斯决策。未来各类事件的出现是有概率的，气候变化理论也是这样，理论站得住脚的概率可能高达90%以上，但仍有较小的可能性说气候变化威胁并不存在，只是虚惊一场。到目前为止，国内外还有一小部分科学家强烈反对气候变化理论。经济学家不是这方面的裁判员，但可以用所谓的"专家法"对未来的状态赋予概率，各自对应其有多大可能是对或者错，以及各对策对应的经济社会总收益或总损失，然后基于此进行经济决策和风险管理，这就是贝叶斯决策。当然，这种分析与决策均建立在良好的数据与计量基础之上。

过去曾在讲述贝叶斯决策时举过转基因的例子，这是最典型的应用实例。一方面，转基因存在某种小概率，有可能对人类生命、遗传等形成重大威胁；另一方面，转基因技术较为肯定地提高粮食产量，解决或者缓解了土地短缺、粮食安全、进口粮食依赖、城镇化用地缺乏、房价高企等其他方面的问题。对此可以分别运用相应的概率值，对战略选择进行风险衡量和抉择。这是典型的贝叶斯决策。中国作为人口众多、人均耕地很少的国家，与欧洲很不一样，风险控制加权的战略选择就会与欧洲有差异。

第五，全球共同行动问题。当前全球在许多方面尚缺少共识，发达国家、发展中国家在气候问题上也有争议。习近平主席站在人类命运共同体、地球村的高度，在气候变化方面作出了郑重承诺；美国也决定重返《巴黎协定》，围绕气候变化问题的讨论可能会进入一个新阶段。但有一些具体问题还存在解不开的争议：发展中国家普遍都认为，发达国家对减排的资金和技术支持远远不到位；存在跨境碳排放问题，也就涉及贸易的跨境调节税，还有跨境飞机、跨境船舶等在国际领域内的碳排放问题。现状是，对跨境碳排放应予以调控，这相对比较容易达成共识，但收税或收费应进谁的口袋则争议巨大。现有的国际体制和多边机制难以应对，争抢很容易炙热化，有人形容说，像保卫领土主权一样，寸土不让，打起来也不见怪。这样的问题不易达成共识，还谈不上采取共同行动，使得全球共同应对气候变化的可信度受到质疑，因此需要真正秉持人类命运共同体和多边主义的宗旨，以第二次世界大战以后构建布雷顿森林体系为参考模板，大胆设计，大力推动。

第六，建立什么样的碳市场。碳市场涉及很多问题，我在别处也谈过，包括需要有总量目标，可采取有配额的一般均衡模型进行分析等。今天主要想说碳市场的用途导向。一种说法认为，其用途主要是调节即期的供求关系，也就是让碳排放多的在当期尽量"勒一勒裤腰带"，花钱购买排放权。但实际上受制于当期技术和设备性能，供求平衡有众多刚性因素，很多减排任务在当期或短期内是调节不动的。我认为，碳市场最重要的作用是引导投资，通过跨多个年度的项目与技术投资，着重改变未来的生产模式和消费模式。实现"3060"目标的过程必然要依靠大量投资，无论是发电、交通等行业的碳减排，还是发展新科技，都需要新的投资。那到底要多少投资？中金公司的《碳中和经济学》报告预测，到2060年中国总绿色投资需求折合现在的币值约为139万亿元人民币。国际可再生能源署（IRENA）在2021年3月公布的报告中指出，2050年之前，全球规划中的可再生能源投资必须增加30%至131万亿美元，按照目前全球碳排放中国约占比三分之一和当前汇率简单估算，中国需要大约283万亿元人民币的投资。能否吸引到这么多投资，这么多的投资如何引导好、激励好，不酿成大亏空，显然是件大事、难事。这么大量的投资不可能凭空而来，也不会凭号召就能实现，每项投资都需要导向，需要算账，而算账就必须有依据，需要碳市场给出信号，涉及大量与碳价格、研发风险投资有关的基础数据和投资计量。如果既无总量信息，也无碳价格信息，是很难让人真正下决心投资的。同时，未来的新科技产生以后，也要依靠碳市场评估其效果。因此，如果仅仅把碳市场看作取得当期平衡的现货市场，将会犯很大的错误，必须把碳市场看作主要引导跨期投资的金融市场，看作主要用来引导中长期投资的市场。此外，中国主管部门历来是各管一摊，因此，碳市场由哪个部门建设管理，也值得关注。总之，碳市场是一个涉及绿色治理的问题。

最后还要回应一下开头所讲的，碳减排问题时不我待，现在就应当高度重视起来；同时，讨论这些问题，需要建立在扎实的数据计量和定价的基础之上。

构建清晰化的碳排放总量年度目标

——2021年1月17日在中国金融40人论坛"金融支持碳达峰、碳中和：国际经验与中国路径"双周圆桌会上的发言

碳达峰、碳中和这个题目很重要，我也是因为一些偶然的因素，在很早前就被卷入这方面的讨论。现在我挂着博鳌亚洲论坛副理事长的头衔，博鳌亚洲论坛历来关注全球气候变化问题，对"3060"目标的实现尤其重视，也准备在今年的论坛年会和一系列配套活动中安排讨论。

刚听了朱隽和马骏两位同志的发言，我认为两位都讲得很好，特别是把绿色金融和碳排放结合在一起讨论很有意义，我个人也很受启发。我想借此机会重点讲一下，"3060"目标的实现，需要相关总量目标进一步清晰化。

"3060"目标体现了我国在碳排放领域的重要转变

早在浙江工作期间，习近平就提出"绿水青山就是金山银山"的科学论断；担任总书记和国家主席后，又多次强调并践行这一科学理念，也扭转了过去我国在全球气候变化方面的立场。

大家知道，在这之前，我国对气候变化的态度是相对消极的，主要强调不能抑制经济增长，作为发展中国家不能承诺约束性硬指标。2020年9月，习近平主席在联合国大会上提出了中国"3060"目标，在国际上作出了中国的承诺。这是一个值得深刻理解和落实的重要转变，这种转变并不是表述上的微调或者政策上的延续式更新，而是理念上、认识上、立场上的转变，是需要我们深刻学习领会，并在未来相当长的时间内付诸实践的。目前，我们在行动落实上还有不小的差距，比如，这两年国内煤电项目还呈现较强的扩张势头，国际上与"一带一路"相关的一些煤电项目的融资仍有中国的参与。这都表明，要深刻认识并践行"3060"目标并不是一个容易完成的转变过程。

另外，中国气候变化的各项工作，包括绿色金融体系的建设和推行，面临着一系列重大的挑战。一个首要挑战是需要有实现碳目标的更加清晰化、透明化的总量指标体系，这是非常重要的，因为这可以让各方对碳目标有清醒的认知，同时也能为诸多相关工作提供可度量、可计算、可考核的任务。当然，这也是不容易做到的，还需要各有关部门积极工作，真正实现理念、认识和行动上的转变，并通过公开透明的方式，对碳排放的数据和目标作出可靠的计量来推动碳目标的实现。

实现碳目标需要以碳排放总量目标清晰化为前提

在2020年12月12日气候雄心峰会上，习近平主席在"3060"目标的基础上，进一步提出了我国应对气候变化的几项总量指标：到2030年，中国单位国内生产总值二氧化碳排放将比

2005年下降65%以上，非化石能源占一次能源消费比重将达到25%左右，森林蓄积量将比2005年增加60亿立方米，风电、太阳能发电总装机容量将达到12亿千瓦以上，这些分别对应着碳排放强度、碳汇和新能源发展。

以上总量目标非常重要，因为在应对气候变化的具体工作中，需要很多微观的数量化指标和数据基础，但确定微观数量化指标的前提就是要有总量目标：有了总量目标，才能清晰化分解出微观目标。总量目标还关系着"3060"目标的工作进程安排，工作进程需要均衡，既不能过于前松后紧，也不能过于前紧后松。此外，碳目标实现需要依靠激励机制，并不是下达了目标任务就一定能落实为成果，而激励机制也要在总量目标清晰的基础上才能被计算、设置和完善。一些国家在碳排放的总量控制规划上已经给出清晰的数量目标，中国也需要在总量目标上作出更为透明、可读的计量，才能有助于社会各方理解并落实为行动。

削减碳排放的方式主要有两种，分别作用于促进供求平衡的两端。一种是限制现有的碳排放，类似于过去粮食供给不足时，居民靠的是粮票配额，也就是压需求；另一种是投资于供给方，形成低碳或零碳新能源供给来达到平衡。我个人认为，今后几十年，实现碳排放目标会主要依靠这种投资，要通过大量投资促进新能源供给和提升节能、低碳的使用。

既然需要投资，就需要计算未来的回报。公共投资可以在一定程度上不要求回报，但公共财政资金通常比较紧张，因而要大力促进民间投资，也就必须要明确计算投资的未来回报，这就需要未来每年碳排放的总量数据更加清晰，毕竟很多微观数据指标的计算就取决于总量目标。此外，在实现碳目标方面我们未来的投资规模需要有多大，还应该对应于每一年GDP，即每一年GDP中需要多大比例投资于应对气候变化。

对投资的激励可以有两种方式。一种是通过配额交易或者碳税来获取并体现回报，也就是说碳排放多的主体应该交出一部分资金来支持减排投资；另一种是通过一般性的动员把投资引导到这个方向来，没有额外的政策补偿。我个人认为，未来大部分投资激励应该来自第一种方式。因此，我们究竟在多大程度上能使碳排放过多的行为，特别是重点行业、企业，通过碳配额交易或碳税来承担责任并支持大规模的减排投资，是非常重要的问题，而这一均衡价格只能在总量目标之下平衡出来。目前，我国碳交易市场还不够统一，存在分割，各市场碳价格不一致，也给定价带来很多问题。因此，要实现碳价格一致，既要总量目标清晰，也需要各个碳市场实现连通和统一。

在推进碳排放配额交易和碳税的过程中会出现成本转嫁现象，但这是不可避免的，多消耗排碳能源就必须多承担代价，就是要通过这种转嫁来实现资源配置的转变，才会有更多的新资金投资于减排和绿色金融领域。不过，转嫁过多也可能增加通货膨胀的压力，国内居民可能会有意见。成本转嫁问题的关键在于转嫁多少合适，这涉及总量碳目标、通胀目标等多目标之间的权衡，但是不允许转嫁是不对的，不能把这种转嫁当作缺点。

未来的减排任务有一部分要依靠公共投资，而公共投资的结构是一种资源配置，因为这部分公共投资如果不是用于碳减排，可以被用于提供包括医疗、社保等公共品和福利。既然涉及资源配置，就需要在数量上明确公共投资多目标与预期要实现的目标之间有无缺口，有多大缺口，从而校正财政和其他公共政策，并规划出公共投资与民间投资的比例关系。

前面提到，习近平主席在国际上作出的碳减排承诺体现了我国的一个重要转变，而要实现这个转变很不容易。事实上，在若干年之前，国内对于碳排放的主流观点是强调不能因碳减排而影响发展，与其相关的定量方面的论点主要强调的是以下三个方面：

第一，只说强度，强调碳排放强度应该与GDP增速相关联，这意味着如果中国GDP增长快，那么排放就可以多一些。

第二，强调均值，也就是人均排放的概念。中国人口众多，人均排放量与西方国家相比还不是很多，也就有更大的排放余地。

第三，强调累计，也就是历史累计碳排放量。西方国家工业化进程开启得很早，历史上已排放了很多，从这个角度来看，中国也还有较大的排放空间。

这些说法实际上都倾向于抵制减排。温和一点讲，它与2060年碳中和的目标实际上存在矛盾。因为到2060年要实现碳中和，无论经济增长快还是慢，人口数量多还是少，累计排放规模大还是小，都要求达到净零排放。因此，在实践操作中，迫切需要碳排放总量目标更加清晰化，这就要求各有关部门认真体会、实现转变和紧跟步伐，来为实现碳目标打下坚实基础，做好数量型行动规划。

碳排放总量目标的核算基础

习近平主席在气候雄心峰会上提出了我国在碳排放强度、碳汇和新能源方面的目标，特别是第一项关于碳排放强度的指标，即到2030年，中国单位国内生产总值二氧化碳排放将比2005年下降65%以上，非化石能源占一次能源消费比重将达到25%左右。这涉及如何选用现存统计数字和如何定量规划未来的问题。但由于核算基础不实，包括缺少官方权威统计数据和重要参数，现在这几个指标的度量还不可能清晰。

首先，我国2005年当年及其后至今的年度碳排放总量有若干种口径，均来自学术机构和国际合作项目，但似乎找不到官方权威数据。在核算上，如果要实现2030年碳排放强度比2005年降低65%，首先要得知2005年的碳排放是多少。在这一数据上，我们发现各方数字不尽一致，而且这还涉及究竟谁应是权威提供方。有部分研究引用了2005年中国碳排放约78亿吨，考虑到森林碳汇吸收了大约10亿吨排放，因而2005年总的碳排放在67亿~68亿吨的水平。如果此数据准确，再结合当年的GDP来看，2030年要达到的目标排放量上限就大体可以计算出来了。但这个碳排放总量数据并不权威，只是一家之言。比较多一些的文献所引用的2005年中国碳排放规模是55亿吨上下，有的说是53.8亿吨，有的说是56亿吨，基本上围绕55亿吨这个数量。

其次，要考虑GDP的可比性。如果要测算2030年的碳排放强度，当年的GDP要具备与2005年的可比性。2005年的名义GDP大约是19万亿元，但这是当时的价格，并非与2020年及2030年可比的GDP，为此需要用GDP平减指数换算成可比的年度GDP。了解当今（即2020年）的排放总量也是重要的，以便认识过去15年我们实现了多少，未来10年的步伐需要加快多少。我看到一个比较好记的说法是，中国2020年的GDP大约是100

万亿元,二氧化碳排放量约 100 亿吨。如果以 2020 年作为基年(以此为基年在计算上相对容易),推算 2005 年的可比 GDP 大约是 30 万亿元,用这一排放强度乘以 65%,得出 2030 年碳排放强度上限。总之,要在可比 GDP 口径下使此蓝图清晰化。

再次,在 2030 年总量目标(碳达峰)的核算上,既然对外仍提供的是排放强度指标,那么 2030 年碳达峰时的排放规模还取决于今后 10 年 GDP 增长的假定。GDP 增速的快慢不同,会使 2030 年碳排放总量的计算得出一个区间。还是以 2020 年作为可比基年,假设未来 10 年年平均 GDP 增长率为 5%,2005 年可比 GDP 约为 30 万亿元,则 2030 年二氧化碳排放总量也就是大约 101 亿吨,就比现在多 1 亿吨左右;如果以年平均 GDP 增长率为 6% 来计算,2030 年碳达峰时的碳排放总量则是 111 亿吨,也就意味着再往后 30 年的减排任务会更加艰巨。也有一些经济学家测算,到 2030 年碳达峰时碳排放约是 105 亿~106 亿吨的水平,那么他们对年平均 GDP 增长率的假设大概是 5.5%。所以,在 2030 年碳达峰之前,碳排放的逐年总量控制规模和如何安排规划任务及测算碳价格,实际上并不清晰,有待进一步做实。

最后,总量核算还依赖碳汇和风电、太阳能发电的核算问题。关于森林等绿色植被的碳吸收规模,刚才提到,有人测算 2005 年是 10 亿吨左右,相对于当年的碳排放而言,碳吸收还是相对较少的。如果未来我国大面积植树造林,到了 2030 年,即便碳吸收规模达到 15 亿~20 亿吨,相比碳排放而言仍是相对比较小的。我们目前对碳汇的计量也不够清晰,比如什么样的、多大面积的森林能吸收多少二氧化碳,参数不齐。此外,到 2060 年,可能我们还不能实现对化石能源的完全替换,会有些残留领域

（如电力调峰等）还继续使用化石能源。根据清华大学能源环境与经济所的测算，到2060年化石能源占总能源的比重还会有13%，这换算成碳排放绝对数值还是很大的。而使用这些能源造成的碳排放，要通过碳汇或者说碳沉降来吸收才能实现碳中和，同时还需要依靠新的碳吸收技术的发展，也包括发展碳捕获与存储（CCS）等来抵消。这些都需要大量基础数据、权威参数去测算，以便对碳排放总量的减项做到心中有数。至于风能与太阳能发电，由于这类装置年发电小时数较少，且需与储能或调峰能力相适配，故还要把装机容量转估算为电能供应占总发电电能的比重，才能有效测算电力行业的减排进程。

总之，如果想做好绿色金融、碳市场，就需要进一步使总量目标清晰化，并建立一套有关碳金融和绿色金融中的参数、指标体系及计量、测算的框架，这样才能切实做好各项任务规划和投资引导。

有配额的市场经济及其一般均衡

有人质疑并担心，较多设置配额是否会动摇我国社会主义市场经济的基本框架，特别是排放配额量大面广，大范围影响由市场供求决定价格，既影响市场对资源配置起决定性作用，也给行政性设置并分配配额打开方便之门。应该说这种质疑不无道理，但可以使用有配额的可计算一般均衡模型来研究这种经济系统。说来话长，其结论大致是：在配额总量约束下，如果让市场供求关系来决定配额价格并实现市场分配，仍会实现有配额的一般均衡，即价格体系会有所移动，但仍是由市场体系所决定的，市场经济基本框架仍可依旧运行。言外之意是，如果配额价格及分配不由市场来决定，包括总量约束不清晰，则会对市场经济基本框架产生若干未知的影响。

从资源配置上来讲，碳市场和整个资源配置的关系实质上体现为有配额的一般均衡。为什么要注重有配额的一般均衡呢？首先，有配额就要有分配，就有价格或隐含着某种价格。如果作出正确的政策选择，它并不影响对整体市场的一般均衡模型的理解和其可计算性。另外，从历史实践上看，我国过去在这方面也有一些经验。20世纪80~90年代，中国的外贸很大程度上依靠的是纺织品出口，而当时在国际纺织品贸易中存在出口配额制度，也就是在关贸总协定主持的"多种纤维协定"（MFA）之下、主要由发达国家设置的若干类纺织品配额，因此也就产生了中国如何分配纺织品出口配额的问题。那时在机制上允许采用市场交易方式拍卖配额。这种配额拍卖就与现在所说的碳市场中的碳配额交易是可类比的。所以，回顾我们过去的一些工作和当时作的研究，也有助于我们理解当前碳市场和整体市场经济资源配置之间的相互作用。

需要强调的是，这种有碳配额的新均衡的实现，还是要依靠市场供求关系的力量来实现，而且要着重考虑跨期的一般均衡。前面提到减排主要依靠投资，而投资只有跨期才能取得效果。但跨期投资决策要依靠对未来数据的预测，要依靠未来的价格数据来指导当前的投资，所以未来清晰的总量指标和各类参数都是非常重要的。

建立碳市场需要提供的主要功能

——2021年4月20日在博鳌亚洲论坛年会
"金融支持碳中和"圆桌会议上的发言

我想讲的是如何设计和论证我们所要建立的碳市场。碳市场和碳价格将为未来碳达峰、碳中和起到重要作用。要实现未来的净零排放目标，需要大量投资，而碳市场一个主要的功能考核就是它能否引导大量投资进入碳减排和碳汇（或者称为碳沉降）的领域，因此这个市场并非很简单。另外，金融业搞过这么多金融市场，是有经验、有功底的，特别是过去做过金融市场产品和金融工程的人，往往能够想出办法来实现有关设想。

有人说6月底全国性碳市场就开业了，这比我想象的快。究竟如何设计碳市场？我们现在看到的细节还不够多，其中我注意到，有一些非金融系统的人在设计碳市场时不太知道如何着手，就来学习股票交易所，想看看股票市场以及外汇市场怎么做。因此他们提出要有很多参与者，而且要求金融参与者加入并积极交易，使得市场交易很热，才能来定价。我认为这是一种误解。其实配额类市场大体上属于拍卖型市场。如果搞错了，容易走弯路。所以我想在此提出几个碳市场应该要解决的题目。如果这几个题目无法解决，碳市场的设计就不能说到位了。

一是碳价格应能够产生足够的激励，而且碳价格相对比较稳定，所以能够对长期投资、科技创新起到引导作用。也有人说，因为要解决当前同GDP的平衡能力，所以每次都挤牙膏式地挤一点，算作碳配额，并要收费。具体举例来说，如果用大家比较认可的数字，现在中国每年碳排放量大约是100亿吨，2030年碳达峰假定是105亿吨，每年新增0.5亿吨二氧化碳，把这0.5亿吨当作配额拿出来出售。但如果拿出来拍卖或交易的配额在总排放量中的比重过小，这个市场就可能不稳定，甚至有人说，弄不好会出现负价格，激励机制就不足且不稳定。因此，首先要有有效的中长期激励机制，同时价格要相对稳定。

二是关于碳配额，多排放的人要购买碳配额，碳配额收到的费用应该干什么？我个人看法应该是百分之百用于减排的经济活动。即使这样，也许都还不够。为什么这么说？要知道，未来40年需要上百万亿元的投资量，即便是碳配额价格合理，而且出售碳配额的收入全部用于减排方面，也许都还需要另外更多地吸引公众和私人的投资。如果把出售碳配额自身的这部分钱还拿去干别的，或者是投到别的行业，或者是社保拿去用了，那控制碳排放的任务就会更加困难。所以，出售碳配额的收入要全部用于碳减排，否则就会变为一个罚款市场：企业违规了就罚点钱，踩线了也罚点钱，罚完钱以后又收支两条线，政府那边按照预算增收来安排支出。这是不行的，也起不到激励的作用，所以一定要把这些钱用于激励减排，特别是用于引导气候变化投资和激励投资。

这个投资确实是需要激励的。为什么？因为从现在的科技和价格趋势来看，有排放的生产和消费活动，终究还是相对便宜的；如果真正做到减排或者是零排放的生产和消费活动，肯定比有碳活动昂贵很多。因此，一定要增加补偿机制，最重要的补偿机制就是通过碳市场、碳配额、价格转移和利益转移形成的激励机制。也有人现在很乐观，提出来说，新能源已经变得很便宜，不需要任何补贴都可以做到了，其实事情并非那么简单，此处就不再赘述了。

三是实现碳达峰和碳中和是一个过渡过程，在这个过渡过程中，过渡性减排的经济活动能不能得到补偿，能不能在碳配额交易中得到适当的激励？如前所述，如果碳汇、植物吸收或者其他工艺确实可以吸收碳，就形成负值的碳配额，就可以拿去出售，或者有一个机制把碳配额分给这些创造碳汇的人，卖出的金额可由排碳的人出钱补偿，形成激励机制。这当中可能就需要一些金融产品。但在整个过渡过程中，特别是前期，其实有一些经济活动没有能够达到零排放，没有真正吸收掉碳，但是它减少了碳，而且可能减得还挺显著，这样的活动能不能得到补偿？如果碳市场设计得不好，这类活动是得不到补偿的。所以这是一个题目。

从过渡的过程来看，大体上来讲，未来 40 年中，可能前 20 年有一些新工艺只要能减少碳排放，就是好事；到后 20 年，仅仅减少碳排放可能还不够，还得真正做到零排放或者是负排放才行。所以这种分阶段过程中有不一样的激励对象，前若干年对过渡性减排的激励机制够不够，也是非常值得研究的，碳市场要想办法予以解决。

举个例子，燃煤电厂的碳排放是最多的，天然气发电碳排放大概会减到三分之一左右，且其他污染也少，能不能获得利益的补偿？要不要鼓励呢？而到后 20 年的时候恐怕烧天然气发电也不行。关键是天然气电厂有很多是可以用于调峰的。也就是说，电力在使用上并不均衡，正是因为有了调峰的设备，电网才可以更多地吸收太阳能和风电；如果没有这些调峰的能力，电网就不会愿意吸收太阳能和风电，因为技术上存在很多的挑战。因此，如果前20年天然气发电起到的是这样调峰的作用，是否需要补偿？这里面还不能简单地说天然气发电每度电成本并不高，因为它既然发挥了调峰的作用，那么每年的发电小时数就很少，根本不是满负荷运行，所以这种发电最后折算下来成本也很高。成本高就要补偿，没有补偿的话，投资人就不会愿意干。所以要考虑过渡前期对逐步减排活动的激励是否到位，有必要设计一些产品，使得这种减排（但不是零排放）的投资及运行也能得到合理适度的激励和补偿。

再举个例子，很多住房的屋顶可以搞太阳能发电，白天有太阳就有电，但晚上要点灯、看电视，还有电冰箱、空调要运转，这个怎么办？可以设想，白天有电用不掉，就多送给电网，然后晚上用电时电网给电。那这个事情合算不合算呢？很难说。输送给电网的成本是很高的，那么小的电量，要经过电控设备直流变成交流，交流再经过几轮升压才能进电网。当然技术也会发展，很多人就说可以装上储能设备。从家庭的例子来看，储能设备要有蓄电池之类的设备，蓄电池本身并不吸收碳，所以不可能拿它去出售配额，而储能这类设备价格也很贵，如果不经过补偿的话，就没有足够激励去研发和投资储能技术及设备。也就是说，像这样的过渡性减排活动，碳市场也应能够给它提供激励机制给予补偿（如果纯用政府的钱就是补贴），否则就没有积极性去做。

四是中长期科技研发和投资的激励。假设有一个吸收碳的科

建立碳市场需要提供的主要功能

技项目,从最开始的想法到逐步实现,需要5年或者7年以后才能投入商业使用(这中间还会有风险)。假设5年以后能提供某个装置可以每月吸收一吨的二氧化碳,那它的激励机制在哪里呢?这就需要把5年后的碳配额的预期销售价格拿来,作为衡量未来预期收入的基础,然后计算其投资回报,这才能使投资者有兴趣投资。5年以后的碳价格,其实就是碳配额的期货价格。这个价格到底能不能产生出来,能不能稳定,风险有多大,风险概率如何分布,等等,都是要考虑的问题。因此,碳市场一定要提供碳期货、碳远期这样的价格,才能把相当多的投资,包括一部分风险投资给吸引过来。基于未来的定价和这个过程中的风险管理所计算出来的投资回报,才能起到鼓励这种投资的作用。

这里必须指出的是,如果要实现上述这些功能,让人满意,往往需要先搭建良好的市场基础框架,在此基础上再去设计多个产品以满足和实现这些功能。如果设计的市场基础框架不好,简陋、有毛病,也不稳定,这些衍生的更高级的功能,可能根本就没办法去搭建。所以,倒推过来,当前建立合格的碳市场的基础框架是非常重要的。

另外,真正有风险管理能力的专业力量大多在金融界,所以要设计金融市场的话,需要知道其所需要的功能并选用合适的人才。金融业内部分工也很细,也有很多金融人士并不擅长这一行,不知道怎么做。真正熟悉金融产品设计和交易,特别是金融工程的人,会觉得这个跟他读研究生时的作业差不多,可以设计出来。我也相信我们确实有这样的人才能够把它设计出来,但仅仅能设计出来还不行,还要论证清楚,可能还要做模拟,还得建立模型,通过模拟效果让大家信服,同时要跟大家讲清楚,说明这个市场就是好用的。这里面的技能就不简单了。

我围绕碳市场建设出了上面四个题目，我的想法是，现在各地搞碳市场的积极性很高，但有些地方没搞明白，也希望上碳市场。而就全国来讲，不一定需要搞那么多碳市场，需要的是基础框架好、能搭建各项主要功能的市场。要想清楚、设计好，才能往下继续推进。

今天的场合不适于讨论碳市场建设的技术细节，我只想简略地提示一下应答上述四个功能题目的思路。对于第一题，应拿出足够比例的碳排放进入碳市场，而不是只挤出一点点"牙膏"。对于第二题，按照年度总量控制目标测算出几个主要行业当年碳排放的物理强度平均值，将年度配额分给低于平均值（即创造负值配额）的经济活动者。对于第三题，按照总量控制的过渡过程路线图，测算几个主要行业排放均值的过渡过程路线图，以及重要产品的替代/协同系数，来安排配额的跨期、动态分配。对于第四题，在好的基础框架上搭建碳期货、碳远期等衍生工具交易，用于引导跨期投资和风险管理。

最后我再重复一下，在当前全球多国财政赤字大幅上升、多个政府都债务过重的情况下，特别要防止碳市场的钱被用到别的方面，导致更大的气候变化融资缺口。所以，不仅是定价要好，交易机制要好，衍生功能要好，还要考虑好如何使用碳市场调动的资金。

碳价格传导机制至关重要

——2021年5月9日在"2060展望碳中和：
能源、技术与投资"交流会上的发言之一

第一，在向低碳、零碳转型过程中需求侧是需要承担代价的，对此要做好思想准备。大家在发言中谈了很多宏观层面的内容，包括低碳转型所需的艰苦努力、巨大投资等，但通过价格机制推动的转型不能仅考虑生产供给侧，我觉得还缺一条，我们还要考虑到需求侧，在低碳转型过程中实际上有相当一部分成本需要转嫁给最终使用者，也就是由企业和消费者来承担。也就是说，仅靠供给方面技术水平的提升、新产品的出现等，还不足以实现低碳和净零排放，还要求最终使用者如果使用了产生或含有碳排放的产品和服务，就需要承担更大的代价和成本。因此，需要关注并正面面对在整个过程中这类成本的转嫁。

可以作两种转型假设：一种是舒舒服服地转轨、转型。比如说由于科技进步，可再生能源成本低于化石能源，大家当然都愿意使用可再生能源了；从发电来讲，如果风电和光电都比煤电更便宜了，将来也就不会有人去投资煤电和使用煤电了，这样就自动实现转型了；从交通来说，如果电动车比汽油车便宜，性能更好，充电也比用汽油便宜，也就没有人去买汽油车，同时也不会有人去制造汽油车了。这当然是舒舒服服的转变，或许当中有较小部分能做到如此，即不用宏观政策也不用激励机制就能实现转型。但如果说全面或大面积实现这种自动转型，恐怕太乐观了。

另一种转型需要花费巨大努力、付出巨大代价才能实现。这种转型并不便宜，不仅要花代价、组织资源去支持供给侧的转变，还需要提供强有力的激励机制来使消费者有所转变、有所选择。因为有碳配额和碳价格，所以消费者使用排碳的东西就要承担更大的代价。这种转型涉及大量的内容，包括电力、制造业、消费、交通等。此外，低碳科技将起关键性作用，而一些低碳新技术的发展可能需要大量投资，投资的成本/回报也要纳入新技术的使用成本中。因而，对于宏观经济调控来讲，可能有一些消费品价格会提高，会产生通货膨胀效应。居民可能也会抱怨生活成本增加，从而导致低碳转型在某些程度上不受欢迎。因此，在谈论碳中和时，可能要承认有一定的通胀压力，需要管理好通胀；要把握好利益受损人群的不满；等等。对此要有思想准备，不可过于乐观。

第二，电网系统是将碳价格向下分解传导的最重要的"二传手"。向碳中和转型涉及千家万户，需要通过激励机制把许多行业和消费环节调动起来，为此要将二氧化碳及其他主要温室气体价格分解、传导、落实到多个具体经济环节，并争取做到最优化。因此，要充分重视电力体制，特别是着力研究电网的作用。在碳排放中，目前电力供给方差不多占了一半，电力行业是碳减排中非常重要的部门。同时，未来要想多减排还要更多地用电，当然应该是绿色的电，用电的占比会进一步扩大，而且会非常显著。因此，需要认真研究电网的角色和作用，涉及发电、电网调度、输电、配售以及储能等环节,这些都是电力体制改革的关键环节。另外,从价格信号的角度看,电网未来将是碳价格最核心的价格传导者,是最主要的"二传手",类似于货币政策从基础货币供给向多层次货币量及价格传导的机制。它能够分解为各种不同的价格分别提供给电源供给方、储存方、调峰方、用户方等。

在发电端方面,光伏发电或者风力发电每千瓦的装机成本降低并不等于电力成本降低,因为要进入电网的调度过程,涉及调度能力、可行性、成本和优化,非常复杂。同时,光电和风电是间歇性发电,其年均发电小时相对比较低,因而电网给它们提供什么样的上网电价非常重要。同时,由于它们是间歇性发电,电网如何去指挥蓄能电站等各种储能装备以及调峰装备会变得更加重要。由于电力体制改革的总方向是各类企业独立核算,更多运用市场和竞争机制,因此电网要在整个系统中给出多种价格信号来指挥运营并引导投资。

电网本身的技术提高也很重要。过去传统技术的电网,输电的电压等级比较低,线损比较高,而且基本上不太有能力吸收光电、风电等上网,为此不可避免地出现弃风、弃光现象。现在基本上都走向超高压直流或者超高压交流的输电,电网的调度和优化能力显著提高,一些绿色电力上网和配送的技术和条件就好多了。电网的自动化技术及智能调度能力也是非常重要的环节,它能尽可能地把可再生能源加以最大化运用,包括预测光照和风力的供给能力,以及如何指挥储能设备和在必要时启动调峰设备。这实际上是个最优化过程,也能在很大程度上转化为对电网各个环节的定价。同时,要尽量减少电网在整个调度过程中的损失,包括减少线损等,也要实现最优化。电网技术的发展本身也涉及对投资新装备需求的计算和价格信号对投资的引导。

在用户端方面,要通过分时电价等做法,鼓励和引导用户多在可再生能源可用时用电;在可再生能源占比小且必须依靠调峰机组(它不得不少量使用化石能源发电)时,要尽量引导最终用户少用电。

总之,电网除了在物理功能上要起到重要的优化作用以外,还要注意它是最主要的价格机制的"二传手",也就是价格如何通过电网的现代化管理以更好地实现定价和调度,实现供给和需求之间的匹配。另外,我国近年来以加大市场化力度、企业独立运作作为特征的电力系统体制改革,与最大限度吸纳、鼓励、调度非化石电源的碳中和转型,应该如何协调配合,也希望有人能够加强研究。

第三,消费端可以做很多具体的行为调整和技术研发来推动碳减排。有不少人在发言中都提到了消费转型问题,消费确实是低碳的一个重要环节。思想觉悟当然很重要,但是价格信号可能会起到更主要的引导作用。

从数据上看,我国碳排放的最大户是电力,其次就是第二产业,而第二产业其实有很多是联系并提供给最终消费的,所以如果消费者在减排方面有显著变化的话,也会影响第二产业的供给模式。一般而言,从消费角度来讲,同碳排放最有关联的有三大类:一是保温。不管是住家还是办公室,冷了要取暖,热了要开空调制冷,与建筑物和建材的保温性能息息相关,所以保温是涉及碳排放非常重要的一种消费。二是做饭。如果未来做饭都用电并且电力变得更为绿色的话,碳排放情况就会大为改善。三是交通，涉及出行过程中是否使用化石能源的车辆等。为什么把保温放在第一位？因为从供应方来看，中国约30%的年度碳排放发生在第二产业，其中碳排放大户有三大行业，占了第二产业排放的绝大部分，它们是钢铁、水泥、电解铝，而钢材、水泥和铝材的大部分又作为建材，是为了盖房子、隔离室外温度，也涉及城镇化进程中的基础设施和公用设施。可以说，碳排放中的相当一部分是为了城镇化，为了居住。未来一代的新技术，包括具有热交换和热存储功能的墙体，以及未来屋顶和表面墙体的光伏发电等，其应用还主要体现在建材及其广义上的保温性能上。

另外，从家庭来讲，应该能够获得明确的价格信号，包括实行分时电价，鼓励使用屋顶或者小区的太阳能等消纳方激励。这样，居民就会在有光照而有光伏电力的时候，该充电充电；没有这种电力时，该节电节电，尽量减少从大电网上用高价电。这方面，大家或许能马上联想到的是电动车的充电，未来可能还包括带热交换的建材、空调、冰箱、照明等多方面如何去适应、利用可再生能源及电力。这需要建立一个非常有效率的、有价格和激励机制的对可再生、间歇式电力的消纳机制。

顺便讲一下，生产方也是同样的道理。我们知道，未来我们将会非常重视氢能源。氢能源分为绿氢、蓝氢、灰氢。灰氢、蓝氢是由化石能源转换过来的，实际上还有碳排放；绿氢是通过水的电解产生氢。另外，我国年碳排放量达5亿吨的电解铝行业也是用电解工艺。电解可以使用大型装置并用大电网的电力，效率比较高，质量也比较有保证；也可以研究使用小型装置，在有光电、风电时让它就地间歇式运行，且电解工艺要用直流电，不需要交流电及其频率稳定性，没风没光时就停止运行。这样的设备可能连续性不好，效率和质量控制会受影响，但它们可以不依靠、不过高要求电网传输和调配能力。广义上讲，这都是从消纳方打主意，针对不同行业，如何将其改造为适应未来可再生能源的特点，是一个极其值得研究的题目。

要重视国际沟通能力和话语权：
边境调节税和碳市场连接

——2021年5月9日在"2060展望碳中和：
能源、技术与投资"交流会上的发言之二

习近平主席在联合国气候变化大会、气候雄心峰会和领导人气候峰会上的讲话在国际上受到普遍好评。同时也要看到，国际上对中国碳减排的舆论压力还很大，甚至某些阶段碳排放还会有所增加。毕竟中国的年度碳排放量约占全球近30%。西方国家碳达峰相对比较早（欧洲在1990年左右，美国在2006年、2007年左右），中国提出在2030年前达峰，在这个过程中碳排放还在增加。有一些媒体报道说，中国近年来还上了不少燃煤电厂，同时中国还在参与"一带一路"沿线国家中一些燃煤电厂的工程及融资，因此中国在碳达峰之前在全球碳排放中的占比还是相当大，甚至会有所上升。这个议题的国际应对会涉及不少问题，其中很多都是国际上正在讨论的问题，也会有很多压力，特别是批评和挑战的意见。我们怎么去应对？需要在气候变化问题上作好预判和专题研究，努力为国际谈判提供重要的思路和意见。在这里我想重点说两个方面：一是关于边境调节税问题，这涉及碳脚印所测算出来的含碳量及资金使用方向；二是关于碳市场连通的问题,这涉及国际碳市场合作的问题。

第一,关于边境调节税问题。有不少西方国家(特别是欧洲)主张对进口含碳产品征收边境调节税,实际上一些国家过去对跨境航空业应该征收碳排放费用也作过一些讨论和尝试,当然争议很大。关于碳的边境调节税已经被列入G20议题。从分析的角度来讲,这个动议有它合理的一面,也有不合理甚至危险的一面。从合理角度看,如果某些欧洲国家在本国生产某一产品时采用的是低碳或零碳的生产技术和工艺,生产成本会比较高,产品价格也就比较高;而进口的同类产品根据其碳脚印测算出生产过程中是排了不少碳的,这种排碳产品生产成本比较低,所以产品价格比较低,在欧洲市场上就有销售竞争力,会挤掉欧洲本地的生产。这样的话就会形成一种错误的激励机制,即不鼓励低碳或零碳的生产工艺,而鼓励了减排力度不够的生产工艺,主要是发展中国家生产的同类产品。从这个角度来讲,征收边境调节税在欧洲内部保证了进口产品和国内产品平等竞争或公平竞争。这样就可以保护欧洲本地的生产,当然这种保护不是指贸易保护主义意义上的保护,而是指保护了低碳或者零碳的生产工艺和生产过程。

这是其合理的一面,但它也存在很多问题,其中一个就是有可能导致贸易保护主义,容易产生贸易摩擦,使得双方都互相采取升格关税措施或者非关税壁垒,这样的话将影响全球自由贸易体系。另外一种可能性是征收边境调节税实际上是出于财政资金短缺的需要。在全球金融危机以及新冠肺炎疫情影响下,各国财政赤字加大,公共债务与GDP之比升高,在缺钱的情况下,为平衡财政收支而增加各种不同名目的税,名义上会借着碳减排等需要，实际上是用于补充财政收支缺口，包括防疫和医疗体系的缺口、养老金缺口、救助金融机构的资金缺口等。当然，从经济分析上说，征收边境调节税类似中美贸易摩擦中美方加征关税的情况，实际上是向本国最终使用者，特别是消费者转嫁了成本，使他们付出更高的价格来购买同样的产品或服务，最终成本是由消费者或者最终使用者所承担的。从这个角度来讲，边境调节税并不是由发展中国家掏钱交的税，但它影响了产品的竞争力，也影响了市场份额。

我们知道，根据《联合国气候变化框架公约》（UNFCCC），发达国家有义务向发展中国家减排提供资金和技术，这也是全球碳减排的一个中心议题，但这么多年来未得到真正落实。所以说，如果一定要征收边境调节税的话，应该要求西方国家把征收边境调节税的所有收入全部用于购买发展中出口国家的负值碳配额，也就是说用于支持发展中国家或者具体出口国的减排。特别是按照碳脚印，对于排放多的，应帮助它们改造生产工艺和生产过程来实现碳减排。我们知道，虽然各个碳市场的价格可能不一样，但是在全球推广碳市场过程中，发展中国家也正在运用碳市场促进减排活动，有的是绝对减排或者碳沉降，有的是相对减排（即针对当前碳排放强度目标的阶段性减排），它们都产生了负值碳配额。

边境调节税收入全部用于购买发展中国家的这部分碳配额，既有助于满足UNFCCC要向发展中国家提供资金支持的要求，又抑制了资金可能被挪作他用，没被用于应对全球气候变暖这一正当用途。

第二，关于碳市场连通的问题。我们知道，欧盟的碳市场是相对比较大的市场，前两天碳价格升至每吨52欧元；美国在碳市场建设方面还有待明确的行动；全球也尚未见到建设统一碳市场的可行路径。就中国而言，目前已有不少省份开始建立了碳市场，全国碳市场将于今年6月启动交易，其运行状况还有待观察。多数人认为，统一的碳市场会更加有效率并能合理定价；分散的多个小型市场在效率、定价能力等方面可能会存在问题。解决方案之一就是建成统一的碳市场。那么是不是还可以有别的办法呢？

我们可以试着换一种思路和做法，学习中国金融市场的做法，建立类似沪港通、深港通、沪伦通、中德D股通，把各个碳市场进行市场可控的连通。形象地说，相当于每个国家的市场都是一个盛水的大容器，各大容器的水位可能不一样，但如果这些容器下面都用一些小管子加以连接，就有助于它们间的水位趋同。当然，在这一过程中也取决于连通管子的粗细或者是否设有可调节的阀门，说明它处于某种可控连接状态。如果一开始就全面大流量地连通，可能有些方面没有足够的承受能力；如果由小流量逐渐扩大，会慢慢形成与统一大市场类似的效果。如果把金融市场这种连通的经验嫁接到碳市场，不同国家和区域的碳市场通过这种连通机制，使得碳价格走向趋同，相当于碳配额价格比较高的地区对碳配额价格比较低的地区的一种资金支持，也给碳的边境调节税收入合理回流提供了渠道，而这种资金支持往往还可以连带着技术方面的支持。从起步来讲，应该允许发展中国家每年有一定数量的负值碳配额拿到欧洲碳市场去卖。过去中国实际上已经有小规模的负值碳配额被拿到欧洲碳市场上卖，涉及对中方碳减排、碳沉降以及碳存储方面的鼓励，中方也获得了资金方面的支持,这一机制的效果应该说是很好的。

总之,碳市场连通问题需要有整体论证和规划,否则开始做的时候会有各种各样不同的意见。同时,市场连通机制是可以在国际平台上打出的牌,它不仅对于未来碳市场定价的合理性有帮助,而且对新兴市场是有好处的。

对中金公司《碳中和经济学》研究报告的读后讨论

——2021年3月23日在中金公司"碳中和2060"论坛上的讲话

2020年9月习近平主席在联合国大会上就中国的碳达峰与碳中和目标作出了郑重承诺；12月在气候雄心峰会上又进一步提出了我国应对气候变化的几项总量指标。前不久中央财经委第九次会议研究了实现碳达峰与碳中和的基本思路和主要举措。当前各方都在积极领会、研究和落实碳达峰与碳中和方面的工作，中金公司最新发布的《碳中和经济学：新约束下的宏观与行业分析》（以下简称中金公司报告）研究报告研究面广、信息量大，在碳达峰与碳中和研究方面起了很好的带头作用，相信会产生重大影响，但研究工作总体仍处于起步阶段，有很多存在争议、需要深入研究的内容。我今天原准备发言的题目是"扎实打好应对气候变化的数据和计量基础"（这个题目我在其他场合已讲过），但初读了中金公司的报告之后，我今天想主要就该报告进行一些更为具体、更为实质的讨论，希望与大家多讨论、多交流。

一、碳峰值数据仍需谨慎推敲

中金公司报告通过研究总量目标，希望把碳达峰的数值以及今后 10 年的碳达峰路径表述得更清楚，这是很重要的。但我国在这方面的基础数据还存在不少缺失。比如，为实现碳达峰，2030 年碳排放强度需要比 2005 年减少 65%，那么大家必然要问 2005 年碳排放到底是多少。又比如，2030 年我国森林蓄积量要比 2005 年增加 60 亿立方米，那么大家也需要知道 2005 年中国森林蓄积量到底是多少，以及每立方米森林蓄积量年平均能吸收多少二氧化碳。但这些数据并不清晰，也没有主管部门或者权威单位公布过。一种可能性是，我国基础工作过去做得不够扎实，存在数字缺失、数字不一致以及数字核实方面的问题。还有另一种可能性就是，在我国气候变化的政策态度转变之前，数字模糊一点，方便在数字上打"太极拳"，政策空间也会更大一些。

中金公司研究部花了很大力气测算，得出了 2030 年碳达峰时碳排放净值约为 108 亿吨二氧化碳的初步结果，为什么没有主管部门或权威单位直接给出这一目标？是因为没有 2005 年的准确数据。中金公司是根据 2017 年有关部门公布的当年数字及碳排放强度比 2005 年下降了 46% 推算出来的。为什么我们要费心劳神地去测算这个数字？因为无论今后碳减排的规划、路径的选择还是激励机制的设计（特别是定价问题），都和碳达峰的数值密切相关。因此，我们很有必要就 108 亿吨这个数字进一步深入讨论。

首先涉及数据口径问题。中金公司报告提出了2005年碳基准的测算方法。这个基准的口径需要明确，究竟是指毛排放的总量还是净排放的总量，是只包含二氧化碳排放还是也包括其他温室气体？此外还涉及尚未公布的2020年碳排放总量数据以及今后10年的减排力度和轨迹。如何用统一口径来推算，尚存在挑战。

其次是GDP可比性问题。2030年目标明确了碳排放强度减少65%等任务，这就需要知道2005年到2020年可比GDP到底增长了多少。虽然用GDP平减指数或者增长率来计算可比GDP在原则上不会有太大的争议，但在数据使用上还需略加小心。比如增长率的年初数据（初步核算数）、初步核实数、最终核实数以及普查后修正数有时候差距会很大，特别是2005年、2006年和2007年比较明显。不过总的来说，以往的GDP在使用上和可比性上没有显著意义上的可争议之处。此外，估算今后10年我国GDP平均增速需要假设，而在不同增速假设下就可能出现一个结果的估算区间。这些都是我们计算总量目标时需要注意的。

除了技术细节之外，这件事在逻辑上也存在可受质疑之处。如前所述，中金公司是根据有关部门公开的数据推算得到2005年碳排放总量，再乘以65%得出108亿吨的。事实上，在核实了以往可比GDP的基础上，2005年排放强度、2017年排放强度、2017年比2005年下降了46%这三个数有明显的逻辑关系，知道其中两个就必然知道第三个。之所以没有人正式确认2005年的数据，有可能有其他原因。

总之，我认为108亿吨碳排放量这个数字还需要进一步推敲，与目前所获得的其他研究报告所提出的数字相比，108亿吨有可能偏高了。

二、碳市场与价格形成

中金公司在报告中提出了一个非常重要的观点,就是碳达峰与碳中和需要大量的投资,我们也的确需要通过碳市场来引导投资为碳减排、碳达峰和最后实现碳中和进行努力。碳市场对投资的激励作用实际上有两层:第一层,碳市场能够鼓励即期增产/节约,通过在当期现有能力下增产/节约一些,争取改进碳平衡。第二层,受短期内减排技术参数相对刚性所限,当期增产/节约的潜力并不是很大,因此还必须依靠引导跨期投资来替代高碳排放的活动。碳市场能够在这方面给出投资信号,特别是通过碳市场衍生产品,如碳期货、碳远期等给未来的生产投资提供核算和风控。这一层激励作用至关重要,碳达峰与碳中和将更多依靠正确和有效的投资来加以实现。

中金公司报告提到,至2060年我国绿色投资需求总额是139万亿元,相信这是以2020年人民币价值计算的。对于这个数据,各个机构测算的结果不太一样。国际可再生能源署(IRENA)在2021年3月公布的报告中指出,2050年之前,全球规划中的可再生能源投资必须增加30%至131万亿美元,按照目前全球碳排放中国约占比三分之一和当前汇率简单估算,中国需要大约283万亿元人民币的投资。这么大量的投资不可能凭空而来,也不会凭号召就能实现,如何引导好、激励好这么多的投资,碳市场将发挥很大的作用。

碳市场也有受到质疑的地方,其中之一就是碳价格存在波动和不稳定。中金公司报告中很重要的一个内容是把碳配额的价格和绿色溢价两种概念进行对比,然后各取所长,在不同地方加以应用,这具有重要意义。同时还要看到,未来的碳价格之所以有相当大的不确定性,可能有三方面原因:其一是,未来技术发展以及未来技术的性价比存在不确定性,给相关的投资带来了不确定性,而很多投资是中长期的,因此这些投资的核算和未来的回报也存在不确定性。其二是,为照顾到当前经济增长和未来碳中和目标之间的平衡,在实现碳达峰与碳中和过程中会存在一些过渡性安排,其中许多做法是对部分碳排放权实行减让,不纳入碳排放配额交易体系或碳税税基,也包括免费配额和低价配额等做法。此外,在减排进度上可能前松后紧,也可能前紧后松,当然最好是实现动态优化安排。由于动态安排的减排量有波动,因此进入碳市场的数量也存在不确定性,从而影响碳价格。其三是,政府财力以及政府对某些行动给予补贴的政策也存在一定的不确定性,会影响补贴后的价格形成。因此,在寻求未来减排路径的同时,要正视所存在的不确定性及其对碳价格的影响。

中金公司认为统一碳价可能存在问题,指出需要差别碳价,这个观点值得推敲。差别碳价在经济学原理上可能存在问题。当前全球是人类命运共同体,是地球村,在大气层中并不能分出温室气体是哪个行业排放的,每一吨二氧化碳对人类经济社会的负面影响是一样的,消化或者减少每一吨二氧化碳所需要的综合代价(而不是边际代价)也应当是一样的,因此我认为碳价应该是同一个价格。至于各个行业的绿色溢价可能不一样,政策安排也可能不一样,是指即期的边际效应不同。其实应对这种差别,在行业方面有产业政策,也有财政政策,这些政策产生的差别待遇会给各个行业带来不同的激励机制,因此不同行业减排的推进不一定非要从差别碳价上做文章。

三、抓好重点并优化结构

在实现碳达峰与碳中和过程中，要注意考虑各行业的差别，不能"捡了芝麻，丢了西瓜"。碳减排中最大的"西瓜"是发电行业，其碳排放占比从世界平均看是41%，中国还要高，大概是52%。中金公司报告明确提出未来要扩大电气化，例如通过用电来替代直接的化石能源，同时将发电转化为绿色电力或者零碳电力。所以，未来发电在一次能源中的占比还将大幅度提高，中金公司预测到2060年电力占比将达70%左右。虽然各行业碳减排都要有所行动，但是由于排放量不一样，自然对碳配额的需求也会有所差别。

习近平主席在气候雄心峰会上提出，到2030年，非化石能源占一次能源消费比重将达到25%左右，风电、太阳能发电总装机容量将达到12亿千瓦以上。装机容量还要通过年均发电小时及电网接纳能力的数据分析，把装机容量变为年度发电量供给。在这里，不同发电设备的年均发电小时数就变得非常关键。对非电力专长的经济学者，我给出一组轮廓性的概念（为方便记忆，数字作了近似），光电年发电小时数大约是1500小时，风电是2500小时，水电是3500小时，煤电或者火电主力是4500~6500小时，核电是7500小时。可以看出，不同发电来源的年均发电小时差别是很大的，而且中国的实际数还略小于这组数：目前中国光电的年均发电小时数还不到1300小时，光照弱的地区连1000小时都到不了；风电实际上也只有2100小时左右；火电可以高达

6000~7000小时，但目前中国火电年平均发电小时数实际上还没到4500小时，只有4200小时。所以从装机容量到发电电量，再到在一次能源中所占的比例，这中间有折算关系。目前一部分分析人士对电力行业减排转型给出了过分乐观的看法，忽视了非化石电源及输配电中的技术难度。电力行业要全面涵盖电源、电网以及输配电等，要注意装机容量和发电小时的关系，以及间歇式发电和调峰、储能的关系。

另外，再谈谈新增装机容量所需投资的资金量，即多大的投资才能达到所需的装机容量，这里主要包含装机成本，装机成本如何摊入供电运行成本，与年发电小时数和电网接纳度有关，为此电网性能（包括线损）、储能、调峰、输配电投资成本也是绝对不可忽视的。如果只看装机成本的数字，很容易受到鼓舞，因为风电、光电装机成本已降到比较低，比火电和核电低。核电是最贵的，但核电投产后一年会发电7000多小时。目前，煤电的投资回报率仍是很具竞争力的，但如要求大幅减排，可能需要碳捕获与存储（CCS）设备及投资，投资成本显著上升。此外，CCS运行成本也很高，会使厂用电大幅上升约20%。当然，CCS技术上还不成熟，有待发展，中国需要特别关注并加以支持。这些都要放入对电力行业未来投资量的测算里面，只算新型电源的装机成本显然是不够的。然后要问，电力方面的新投资未来靠什么回收？如果仅靠供电收入本身的回报是不够的，必须靠碳市场（或者碳税）来补充，才能有足够的激励机制，从而吸引足够的投资。这些判断应与电力行业的绿色溢价一致起来，不应产生误导。

与此类似，还有森林蓄积量的碳吸收的能力问题。这方面我们也缺少基准数据和参数。比如,2005年中国的森林蓄积量到底是多少?每立方米森林蓄积量到底能吸收多少碳?按照中国具体的情况,到2030年要增加60亿立方米的森林蓄积量,还需要树木品种、地理分布、树龄分布等参数,才能测算出每年大概需要新种多少树,路径演进如何,在碳达峰时大概能够吸收多少碳。

此外,从行业结构来看,要注意行业划分上的区别,以便能够更好地进行国际比较。中国过去习惯用生产法分第一产业、第二产业和第三产业,其中中国第二产业碳排放特别多,在电力中占比近70%,这在世界上是罕见的。这种划分方法与国际上是有差别的,导致不太好作国际比较。欧美的碳排放第一大行业是发电,第二是交通,第三是建材(含建筑钢材)与保温。如果在电力、交通和居住三组分下大功夫的话,80%以上的碳减排问题可以得到解决。这种划分方法强调了人类居住的耗能和碳排放,人类居住需要建筑、城镇化、一部分基础设施及保温(供暖及制冷),这一目的之中的各项活动占了相当比例的温室气体排放,为此要相当重视。如果把居住有关的相当一部分排放放在第二产业生产活动里,容易产生误解和误导。

四、CGE 模型的使用

中金公司报告的一个贡献是,强调了使用CGE模型(可计算一般均衡模型)对政策进行分析与论证。CGE可以做两件更重要的事情。一是CGE模型略加改造就可以处理有配额的一般均衡问题。过去在计划经济时期,中央的任务通过行政手段直接分解给各省份、各个部门,而没有充分利用市场力量,同时由于激励机制不够，可能使得任务最后完成不了或者出现虚报。而有配额的一般均衡模型主要解决在市场经济条件且有配额限制的情况下，整个机制怎么工作的问题，尤其是可以论证如何防止过于依赖行政手段。

二是如前面所指出的，在实现碳达峰与碳中和过程中出于对GDP、通货膨胀、人民生活质量等多种因素考虑，可能会设计过渡性安排，包括配额释放的速度、是否全价配额等都可以有不同安排。对这些不同安排如何进行论证选优？可以利用跨期的CGE模型来进行系统模拟。CGE模型可以有配额，配额还可以有不同设计，这样就可以论证路径，从而进行多方面政策分析，帮助找到最优的路径安排。

五、重视绿色治理

国际上很重视在气候变化、绿色发展中强调绿色治理，绿色治理也需要体现国际共识和国际行动。当前发达国家、发展中国家在气候问题上还有争议，一些具体问题尚无解：一是发展中国家普遍都认为，发达国家对减排的资金和技术支持远远不到位；二是存在跨境碳排放问题，也就涉及贸易的跨境调节税，还有跨境飞机、跨境船舶等在国际领域内的碳排放问题。现状是，对跨境碳排放应予以调控，这一点相对比较容易达成共识，但收税或收费应进谁的口袋则争议巨大，大家都想把钱放进自己的口袋，这就表现出国际共识不够，影响国际行动，也使得全球共同应对气候变化的可信度受到质疑，因此需要真正秉持人类命运共同体和多边主义的宗旨，以第二次世界大战以后构建布雷顿森林体系为参考模板，大胆设计，大力推动。

要做好绿色治理必须要夯实数字基础，搭建可计量、可核算、可定价、可评估、可激励等绿色治理制度和体系。这是使各个部门都积极行动、主动落实碳达峰与碳中和目标的关键因素。中国目前这方面的进展还不够，很多问题尚在初步讨论之中。对此，可适时借鉴和采用 MRV 体系（Measurement、Reporting、Verification，即可度量、可报告、可核查）的一些做法，这也是构建碳交易市场的核心要素之一。

绿色发展和绿色金融

——2019 年 6 月 17 日在清华大学五道口金融学院
"中央企业金融创新与经济发展专题研讨班"上的讲座

对于绿色发展和绿色金融的重要性,现在大家都开始有比较充分的认识。习近平总书记最早提出了"绿水青山就是金山银山",在 2016 年中国主办的 G20 峰会上专门强调了绿色发展和绿色金融,并提出 G20 杭州宣言。另外,中国也签署了联合国关于气候变化的《巴黎协定》。

应该说环境部门可能会更关心这件事,但是为什么金融界会比较早关心这件事呢?国际上有很多绿色发展的具体项目,都希望与中国金融界合作来获得融资支持。另外,气候变化领域最重要的碳交易市场,也被视为金融市场的一个组成部分。还有一个理由,是 2003 年提出的赤道原则强调信贷和投资的环境责任、社会责任和可持续发展,这在当时是一个重要议题。从这几个角度,我本人很早就接触了这件事。

十多年前,我在金融危机前的《财经》年会上就讲过一次碳市场。首先从科技讲起,讲气候变化和涉及气候变化的科技及金融支持问题,那时大家接受的程度还比较低。另外,从风险管理的角度,在国际上已经出现一些比较大型的项目,因为环境评估问题最后失败，在金融业就会形成项目违约或不良贷款。所以，气候变化和环境问题也已经变成了金融界的一个重要命题。

中国对于气候变化和环境保护，存在思维转变的过程。一开始对这个问题的理解和重视显然是不够的，后来出现了一些比较重大的污染事件，比如太湖的蓝藻事件等，最引人注目的就是华北地区的 PM2.5 空气污染。经过了这些亲身体验之后，人们对这个问题的态度有了明显转变。

中国政策思路的转变

回顾过往可以看到，中国 2009 年出席哥本哈根联合国气候变化大会时的主导思想、立场、文件与现在相比显然有很多转变。当时很多的考虑是担心发达国家利用碳排放来抑制中国经济的快速增长，同时也给发展中国家带来巨大压力。与此同时，在世纪交接前后签署的《联合国气候变化框架公约》（UNFCCC）中，原来说发达国家要给予发展中国家特别是低收入发展中国家资金和技术上的支持，但实际上发达国家都没有真正做到。因此这等于说，一方面是抑制中国等发展中国家的高速发展，另一方面是减少了过去自己所承诺的资金和技术支持。因此，简单来说，一些国家在一定程度上把这个看作是有阴谋的。阴谋论的思维方式总是存在的，不管是政策制定还是宣传报道方面，都有这种倾向。

最开始的转变，首先是从局部污染物开始。中国在治理污染方面作出了很多努力，主要关注污染源在国内、主要影响也在国内的那一类，当然责任也在国内。如果人民不满意，也是集中在国内，解决问题只能靠自己。比如中国比较早就开始部署发电厂硫排放。党的十八大以来，中国才逐步转向关注全球性环境问题，并认真考虑自身的角色和责任。最近中国签订气候变化《巴黎协定》，是因为考虑到气候变化是一个全球的问题，这个转变十分重要。

实际上从党的十八大以来，特别是G20杭州峰会强调绿色发展和绿色金融以来，这种思路的转变已经非常清晰。看这个问题，还是需要有一定的自我批评精神，不要回避我们存在思维和政策转变的过程。

十几年前，中国开始在一些重要文件中突出了环境治理，那时也提碳排放，但当时关于碳排放的提法与现在还有不少距离。当时起草的一些重要文件，在讲到污染物和碳排放究竟应该怎么减少、怎样管理的问题时，还存在不少争论。

争论主要也反映了宏观政策思维方式的问题：第一种思路是用行政办法分解任务，什么污染物排放了多少、需要减多少，用行政办法分解到各个地方去完成；第二种思路是人民银行、金融界主张更多地利用市场价格、市场交易的方法，通过配额和市场交易机制，提供更好的激励机制和财力配置。

当时起草某一文件，对污染物的减排，最开始还是主要采取定指标、定任务的方式进行行政分解，同时给予一些奖惩，特别是干部考核等方面；文件后面提了一句，探讨使用配额交易的方法。后来经过讨论，有人建议应该重点强调设置总量配额，并通过市场配额交易产生价格，这个价格能够提供更全面、更有效的激励机制，并得到了主要领导的首肯。所以，曾经一度往这个方向改，但仍有分歧，改到最后分了两段：目标任务分解执行写了一段，污染排放物市场交易也写了一段。

当时对减排也存在理解上的问题。污染物是各不一样的，有一些污染物存在测度的问题；像碳排放这类，则可以从供给侧计算出来。例如一个发电厂，知道锅炉、汽轮机是什么结构的，是临界、超临界还是超超临界，每千瓦多少克煤，就可以计算出这个发电厂的碳排放，然后就是安排减排的措施。目前最主要的排放物，多可以通过供给侧来测算。但当时也出现了一个问题，就是有些电厂按照要求购买了硫的减排设备，但是平时不开动，因为开动设备会提高各类成本，所以只在检查的时候才开动。

所以为什么说市场交易可能是更有效的？市场交易可以在保证控制排放总量的前提下形成市场激励。例如在中国减排的过程中，有些节能减排的中国企业，去欧洲卖减排配额，也能拿到资金，这就形成了市场激励。

再一个就是投融资安排问题，因为不管是减排还是碳吸收，所有的这些措施都需要技术、设备，都需要资金的期限转换，需要金融市场的配合。既然涉及投资和技术研发问题，也就涉及风险，就需要有风险管理。而定价、期限转换和风险管理是金融市场的特长，金融市场会发展出有关的工具和金融衍生产品，以便有效定价并管理金融产品和风险。

如何形成价格机制

严格来说，从价格形成的角度可以清晰地看到，总量与价格之间是对偶关系。如果没有明确的总量控制，价格形成会有问题。另外，如果有了价格，也可以倒着过来算出总量可能是多少。欧佩克就是这样，原油产量的总量控制会影响价格，价格反过来会影响供给的总量和需求的总量，平衡点就会发生变化。

联合国气候变化大会明确提出一个要求，即2摄氏度的温度上升总量指标，并将其转化为碳排放总量指标。中国最开始的态度是反对给中国制定总量指标，不管是从内部还是参与国际会议，过去都争过很多轮。中国当时的考虑，是前面讲到的担心利用碳排放问题抑制中国经济发展，因此对于制定总量约束持不赞成的态度。这就导致承受的国际压力会比较大，而且逐渐增强。

另外，还涉及国内的相应工作，实际上行政分解任务真正要落实下去，也很艰难。对于如何测算和分解碳排放的指标、如何去检验，也没有太明确的思路。

中国也想发展碳市场，最早的碳排放交易市场在天津设立，并开始交易。但是，参与市场的人士知道，如果没有总量限制，价格形成肯定是混乱的，也是临时的，不稳定。后来在2009年哥本哈根会议前后国内形成一个看法，是中国提出的比例型碳排放限额，而不是绝对限额，即不是说中国碳排放到哪年达到多少吨，而是说与中国的GDP增长速度成比例，如果GDP增长得快就可以多排放一点，增长得慢就少排放一点。那时不少人都认为中国经济可能还能够继续当时9%～10%的增长速度，可以大致按照那种速度计算，在国际上讨价还价。大家也看到，最近这些年GDP增长速度放缓，现在中国6%多的增长速度，与当时的估算基础不一样。所以现在回想起来，如果按照当时的测算结果，去争与GDP比例挂钩的做法，反而把自己的碳排放总限额给降低了。

实际上当比例型限额计算得精确时，大家可以看出其实两者是有相互转换关系的。即，假如知道经济增长速度，就可以算出总量限额是多少；或者如果知道年度总量限额，按照技术系数，可以估算出 GDP 的增速是多少。

但这里存在一个致命假设问题，就是碳排放和 GDP 增长之间的相互关系，是不是线性关系？或者说，是不是有个固定的技术系数，可以一乘就算出来了？实际上这种线性假设历来是一个很大的误区，是一种简单化的思维。技术进步和技术选择能显著推倒这种线性假设。

像碳排放市场或其他比较重大的污染物市场，如果没有总量配额会造成什么问题呢？价格形成机制没办法搞好，碳市场发展会不理想，所以，它在整个绿色发展和绿色金融中现在所起到的作用不可能充分。另外，碳市场有可能各自搞一摊，有积极性的人就搞，天津搞一段，广东搞一段，形成的价格不见得一致，相互之间也不一定能交易。

此外，配额交易是可以分层的。大家可能知道，2009 年全球金融危机之前有一个产品叫担保债务凭证（Collateralized Debt Obligation，CDO），然后又有 CDO 平方、CDO 立方。这就是把一些信用产品切分成不同的层，分优先劣后而形成不同质量的衍生品；这样，细分了金融产品，把风险进行了分解以区别对待。不过，很多投资者没有真正理解其中的含义就进行了投资，最后在金融危机时连带受到损失。这个办法实际上在污染物排放中也可以用。用中国比较形象的说法是，也可以搞双轨制。碳排放双轨制，就是要照顾到现有的经济结构、现有的经济增长模式和未来的要求，比如从某年算起，给一个配额基数，基数内的碳排放，可以不付钱或少付钱，而基数以上就要买配额。

可以规定,比如说第一年是基数以内配额不收钱,以后可以每年逐渐增加付费;也可以把这个基数逐年下调,每年扩大市场碳排放配额的覆盖范围。这样就有一个逐步的过渡性安排,可以在若干年内实现大家都服从碳交易市场的调节。这个也是欧盟的做法。也就是说,不会一下子影响到GDP维持当前水平的模式,不导致国民经济和GDP的负增长,而是对增量进行调节以实现过渡。过渡过程肯定是要有的,但长期多轨运行肯定是不行的,设计上要逐渐增加压力,最终实现收敛。

与此同时,价格形成能提供有效激励机制。这也是一个探索的过程,取决于大家对它的认识。当前,有些人认为排放配额价格还得提高,激励机制还得加大。这取决于市场的供求双方,有一些地方不可避免地会增加碳排放,增加的碳排放必须要与减少的碳排放对应起来,有人卖给你配额,你才能去排放。所以,减排的部分得到的鼓励会比较明显。

但是全球金融危机爆发后,欧洲经济也受到了很多的冲击,2010年开始出现欧洲主权债务危机,这对欧洲的冲击是很大的,欧洲经济基本上是零增长或负增长。在那种情况下,忽然一度就出现了碳交易价格急剧下降至10欧元以下。这样就使得一些人提出,碳排放交易市场可能缺陷比较大,导致怀疑的声音也比较大。

从前面的解释来讲,这跟增量配额有关系,当经济增长率下去了,增量配额的需求就小了,局部型的价格形成就变化了。这个时候,按理说有两种办法:办法一,扩大配额的口径。办法二,可以采取一些临时的财政干预,对于临时性的价格波动进行过滤。此外就是金融的一些办法,主要是碳配额价格的期货和其他衍生产品，也有助于用长远的价格来平缓现价波动。

总之，价格机制既很重要，也不是一件简单的事。现在看起来，大家比较愿意接受所谓市场化的办法，让价格起作用，提供足够的激励机制。具体做起来，还有很多的技术问题需要有宏观上的安排，也需要映射为市场上具体的操作。

碳税 VS 碳交易市场

美国最近的一种政策主张是想搞碳税，既然对碳排放要进行限制，那么干脆就设置一个碳税。这个问题未来对中国也是一个重要议题。实际上我们内部已经讨论了若干年，也听到了这方面的讨论和声音。

这需要比较一下碳税和碳交易市场。我们拿碳做一个主要的例子（其他污染物排放的调控机制可以与此类似），是因为碳排放是一个全球化的问题，是整个地球作为一个星球的问题，各方面的研究更多、更透彻一些。其他一些污染物可以用局部市场的办法来解决。

如果由国家或政府，也许还需要通过税收的立法程序确定一个碳税，就是每吨碳排放需要多少钱，这个定价怎么算的，算得准不准，是否符合市场供求关系？定高了、定低了，都有人埋怨，埋怨的对象就是政府，因为税是政府定的。定价机制不同的时候，意见冲着谁去，这是有很大的区别的。因为定价偏高或偏低都有可能，如果每吨碳排放的价格定得太高，会使一些传统行业成本过高，甚至会出现通货膨胀现象，这就会产生很多的抱怨；如果价格定得过低，碳排放总量超额，升温控制不住，最后全球都会有意见。碳交易市场跟碳税则有区别，大家觉得碳交易市场的价格是供求关系所决定的，政府可能只是参与组织了一个碳市场，最后被埋怨的应是市场。

再有一个分析的点，人们往往比较直观地重视碳的排放端，对排放端给予限制、负向的激励机制，即适当地有所惩罚。实际上，地球作为生态圈，碳减排和碳沉降方向的潜力还是非常大的，但不见得容易获得公共资金方面的支持。现在越来越重视地球作为一个生态圈，森林绿化通过光合作用的碳吸收，实际上是一个非常大的减排措施。现在还有一些创新想法，比如说水面利用藻类，弄得好的话它可以通过光合作用吸收大量的碳。此外，还有人推碳捕获与存储（Carbon Capture and Storage，CCS），它是用于电厂的碳捕获与地下存储技术。

前一种办法是独立于工业排放的主体去把相当一部分碳吸收过来，它与排放端是没业务关系的。如果在碳交易市场机制下，吸收了多少吨碳就可以出卖多少碳配额，就可以自动在市场上得到融资，就得到了正向激励。但是如果在碳税的机制下，你就要向财政去申请，说我这个运作有好处，所以财政应该给拨多少钱，或者给多少补贴，这在当前财税体制中往往是困难的。

大家知道国家的财政体制是收支两条线，收了碳税，但是碳税往哪个方向支出呢？应事先列入预算支出。只要收了税都应纳入总收入盘子，事先要做好预算支出并获得议会批准，并没有那么大的灵活性。所以财政的开支，特别是对于碳吸收方面的激励机制，走预算往往有较多困难。当然，可以设法搞成目的税，其支出完全用于特定目的，但其设计、审议批准、执行也不容易。

另外，也要考虑到有一些国家，包括中国在内，财政还是有赤字的，这时候收支平衡都得很小心，所以往往会想有一个税收的新来源，这个税收的新来源不管名义上来说是不是目的税，都很可能去平衡预算、弥补赤字。虽然说碳税的收入是特定支出目的税，是为了用于减排和碳吸收而支出，但实际上是不是做得到呢？如果财政上有赤字，加上政府债务累计的考虑，往往不那么容易做到。

再有就是刚才所说的可不可以参与和利用国际碳交易市场的问题。如果收碳税，全球有一两百个主权国家，每个国家的税都是自己主权定的事，税基怎么安排、税率是多少，涉及的价格全都不一样，国际市场上可能会有很多问题需要协调。

从中国的角度来讲，我们也必然看到从最开始可能有天津的碳交易市场，后来有广东的碳交易市场，最终要形成统一的大市场。另外，由于气候变化和碳排放是全球性问题，如果有一些市场主体在碳减排和碳吸收方面能够创造出配额，就能够拿到欧洲市场或全球市场上去出售，这种做法意味着未来国际上也要出现互联或统一的市场。

这里顺便使用两个例子来比较碳税和碳交易市场这两种机制中哪一种更有利于建立更好的激励机制和融资机制。一个例子就是刚才所提到的所谓藻类对于碳的吸收，如果你创造了这种技术，能够有效运行，而且也能够计算出它在碳吸收方面的最终效果，那么，哪一种机制（碳吸收还是碳交易市场）有利于其获得财务支持可想而知。

另一个例子是大约 10 年前讨论比较多的 CCS 技术。化石能源发电厂是碳排放的一个主力，如果发电厂排放的二氧化碳通过后续的装置吸收出来，然后把它用压缩机打到过去已经用过的油层或者气层里面,最后给封上,这样碳排放就少了。大家可以想象,这个技术可能效率不够高,会使这个电厂的成本有明显提高,因为电厂自用电较多,发了电以后自己要作很多后续处理,把二氧化碳给分离出去,再存下去,但碳排放可以大幅度减少。这虽然是好事,但运行成本谁来支持?这两个假定的例子是用来说明,还是碳交易市场更加有效,因为碳交易市场对吸收型的和减排型的都能够更便利、更有效提供足够的激励机制。而碳税在这方面就不容易做得很好。

这些潜在技术往往都涉及巨大投资,都需要金融市场来支持,而金融市场比较容易和碳交易市场衔接。另外,从金融的角度来讲,碳交易市场本质上就是一个金融市场,它需要资金的期限转换和风险管理,而且需要发展有关的金融衍生产品。

这里还有一个问题,涉及每个国家财政的公信力。市场有一定的灵活性,也有条件较好地应对各种不确定性,并不断呈现出各种市场创新。而财政、税收更适用于较稳定的对象和确定性较强的活动,过于灵活、创新则容易影响公共财政的公信力。

如何解决资金期限错配问题

银行类金融机构的一个主要功能就是资金的期限转换和搭配。当前全球都需要把大量的短期资金进行转换、衔接,形成长期资金,因为很多的事都是中长期才能干成的。但是,市场的资金供应方现在实际上越来越短期化,这与整个市场结构的演变有关系,也有一些不是太合适的激励机制。整个金融市场及其大量产品都强调两个轮子的说法,就是说要有流动性、资金出来要方便，才能吸收更多的资金进来。这在金融危机中产生了一定的问题，大家也有一定的经验教训。现状就是这样。谁来把这么大量的短期资金转换为中长期资金呢？就是银行类金融机构及金融市场。

但是，这个转换也经常有巨大的风险。最近有一些中小银行出问题，也是过度依靠短期资金、依靠同业资金支持中长期的项目，一些项目出现亏损（不良资产），还有一些是股东挪用，这样就暴露出了期限错配风险和资产质量风险。

在国际上，巴塞尔协议Ⅲ对银行监管提出新要求，监管的重要指标叫净稳定融资比例（NSFR），强调要有稳定融资，不能靠短期市场，比如发行短期债券、回购、吸收同业的短期资金，去做资产方的中长期限项目，这样银行会过度承担期限风险。银行资产负债表的负债方，根据是不是稳定的融资，对不同的融资有不同的系数，比如居民存款可能相对稳定一点，同业拆借、短期债、回购等肯定是不稳定的，稳定系数都是不一样的。也就是说，银行类金融机构具有期限转换功能，但也不能搞过头，要服从NSFR的要求。

如果没有金融市场的资金搭桥，很多有益的事都干不成，包括应对气候变化、碳减排、污染减排、碳吸收，等等，很多事没有金融参与就不容易干成。而金融市场的参与，需要有价格机制。

绿色发展中还有很多问题有待探讨，各种不确定性无处不在，为此必须进行风险管理。实际上每一件事都是有风险的，刚才谈到选用各种不同的技术，实际上也都有风险，具体技术也可能失败。现有的常规项目，由于过去没有考虑绿色的问题，有可能是误判了,最后会因为环境问题而终止,或者已经建成的项目也干不下去,最后投资回报受到影响。在这种情况下,风险管理也主要是要靠金融市场。

中国绿色金融的进展

对绿色发展和绿色金融的认识,是一个逐步转变和提高的过程,同时还有很多仍需要进一步深入研究才能够落实好的问题。

G20 杭州峰会关于绿色发展和绿色金融的主要内容之一是绿色债券。在 G20 杭州峰会之前,中国人民银行和英格兰银行共同牵头形成了工作组,向 G20 峰会提交文件,作为绿色发展和绿色金融的主要工作组;然后就形成了一个文件,这个文件对于后来联合国气候变化《巴黎协定》也产生了一定影响,打下了基础;再往后,这个内容就纳入了"一带一路"。当然我们知道现在 100 多个国家参与和支持"一带一路",但是也有一些不同的声音。

在可能存在争议的问题之中,其中一个就是关于绿色发展的问题。"一带一路"提出了绿色投资原则,主要包括以下内容:第一,需要将可持续发展纳入公司治理。第二,充分了解 ESG 风险,E 是环境,S 是社会,G 是治理。第三,充分披露环境信息,包括能源消耗、温室气体排放、污染物排放、森林退化等。第四,加强与利益相关方的沟通,涉及政府、环保组织、媒体、当地居民。第五,充分利用绿色金融工具。从 G20 杭州峰会开始强调绿色金融工具,就是强调三条:绿色信贷、绿色债券和绿色机构投资者;到了"一带一路"继续强调绿色债券,同时提出了绿色资产支持证券(ABS)、排放权融资、绿色投资基金等,范围要比 G20 杭州峰会进一步扩大。第六，绿色供应链管理，强调整个供应链的每一个环节。第七，通过多方合作进行能力建设，包括政策设计、执行、市场的组建、系统的构建、工具开发等各个方面的能力。

G20 杭州峰会的成果文件《G20 杭州峰会领导人宣言》随后在 2017 年的 G20 汉堡峰会的汉堡行动计划中继续扩展。去年 G20 是在阿根廷布宜诺斯艾利斯开的，进一步把绿色发展、绿色金融和可持续发展融合在一起；更丰富地提出了金融工具，除了刚刚说到的 ABS，还提到了可持续发展的私募投资基金（PE）和风险投资基金（VC），强调了数字科技对可持续金融的作用。

组织形态上，在准备 G20 杭州峰会时建立了绿色金融研究小组（GFSG），这个小组是负责向 G20 提供建议报告的。往后就形成了由金融机构普遍参加的绿色金融体系网络（NDFS），这个网络不是通信的网络，而是大家相互沟通的网络，他们提出了很多具体的原则。中国在杭州峰会因为是工作组的主要成员，后来也成为主要参与者，所以在这个基础上提出了"一带一路"绿色投资原则。这个绿色投资原则与联合国的概念是比较相近的，联合国有一个原则是责任投资原则（PRI），强调投资要负责任，特别是要有环境的意识和可持续的意识。

中国的具体情况怎么样呢？有了前述思维转变，特别是在党的十八大以后，政策比较鲜明，绿色发展进展也比较快。现在中国申报统计的绿色信贷余额有 8 万多亿元，这在全世界算是相当多的，但是这也与中国的金融体系比较多地依靠银行信贷有关系。另外，中国还有一个发展得很好的工具是绿色债券，特别是在 G20 杭州峰会以后。目前绿色债券存量是 6000 多亿元，2018

年新发行绿色债券 2700 多亿元。上海、深圳证券交易所都对绿色公司的上市开通了渠道,现在有 9 家挂着绿色标签的上市公司,有搞环保的,也有专门搞减排的。

谈到绿色债券,也有政府层次挺高的人士对此还有一些偏见。可能他们会认为,如果大家抢着给项目、给融资,挂上绿色标签,很容易搞成虚报、浮夸,大家都把自己做的事说成是绿色的。我试图给一个解释:实际上我们到目前为止并没有在政府方面对绿色行动给出比较明确的激励机制,比如财政税收还没有对绿色金融、绿色债券给什么正式的激励;之所以金融机构这么做、有这种积极性,当然不排除中间有个别追求政绩的做法,但是很大程度上还是由于整个体系(包括整个实业界和金融界等)思想认识的提高,它们自己打心里头开始认识到发展和运用绿色金融产品对自己是有好处的。对于企业和金融机构而言,是出于社会责任、可持续的考虑,更主要的还是考虑到自己的风险管理问题。因为非绿色的项目,将来很可能半路出问题,包括华北这一片,如果 PM2.5 太高,企业就得经常停工,刚盖好的工厂可能要搬迁甚至停产。

这一类的体会,其实是大家思想提高反映到自己的工作中的,既是一种觉悟,也是一种风险管理的意识;不能简单地认为绿色发展和绿色融资的行动全是虚报、全是浮夸、全是为了政绩,等等。

绿色发展与 GDP 的关系

最后想简单从 GDP 的角度谈一下。国民经济的统计分为存量、流量以及折旧，GDP就是国民经济的年度流量，这个流量可以从三个方面去统计：生产方、需要方、收入方。国民经济的存量应该说很难定义得全面、准确，但是总体来讲表现为一个国家财富的积累，每年产生的GDP里有一部分（投资）会创造出财富的增量，包括建筑物、公路、艺术品等，环境的改善也应属于此，即绿水青山是一种财富。

如果想对存量进行量化分析，就可能需要运用所谓国家资产负债表来表达。虽然说这些年有人试图建立国家资产负债表，包括财政部、社科院都在做，但是尚不成熟，缺少像联合国统计委员会、国际货币基金组织制定关于GDP统计的标准和方法，也没有误差及分布的方法。可以说目前还是以概念为主，真正量化可计算还是有困难的。另外，多数财富会有折旧，且折旧率差异显著。从概念上来讲，存在对国民财富的计量和优化问题。环境也是一种财富，也要体现在国家资产负债表中，理论上也应该能算进去。

从作为流量的GDP来讲，大部分GDP产生出来随即消耗，不一定会有财富的积累。比如，种了庄稼随即吃掉了。但GDP中固定资产（可能还包括无形资产）投资则会不同程度上形成财富，可跨期使用。这又带来投资转为财富的效率问题。实际上谁都不可避免这个流量里面的投资有相当一部分是效率不高的，就是GDP和其中的投资虽然上去了，但因效率不高，财富没持续几年就报废了。比如盖房子，有的十年就拆了重盖，有的二三百年经久不衰，但建设期都产生了类似的GDP。像刚才所说的项目建设，有可能因不够绿色而中途报废，导致当年GDP涨上去了，但财富没有增加。从效率和风险管理的角度，我们要防止、减少这种投资浪费，但是不可能完全没有浪费。实际上，从全球经济情况来看，有很多情况是靠浪费来产生 GDP 的。

就环境而言，一是要更多地创造和维护绿水青山，要讲求效率，也会提高 GDP。比如，不应吝啬对待可再生能源的投资。二是减少污染排放和垃圾回收类工作消耗不少人力物力，比如前面提到的电厂减少硫排放和污水处理厂消耗不少能源和耗材，但当年 GDP 会因此而产生。为此，人们有时需要从企业成本、净产出和利润的角度切换到财富与 GDP 的角度来看问题。

有可能对环境问题的认知会有争议，主流判断存在失误的风险。自联合国提出气候变化问题以来，一直有人批评是伪命题，有人认为气候变化的科学道理就不见得对，有可能会出现失误、误判。到目前为止，美国已经退出了《巴黎协定》。可以从风险管理和 GDP 构成比较的角度分析误判的效果，即便它没形成财富积累，但当年的 GDP 是增加了，和其他经济活动相比，这个利弊是相对的，需要有一个比较与权衡。是否会误判可以表达为概率事件，对应的风险性选择则成为一个贝叶斯决策模型。经过比较、权衡，即便有一些关于环境的科学知识、技术知识有不确定的内容，有可能误判和产生浪费，但如果从风险管理的角度出发，在财富存量和 GDP 流量之间作分析，也会发现实际上在环境方面配置更多的资源、资金和科技，总体来讲还是很合算的事。

也有人会对绿色发展提出质疑，但是如果权衡 GDP、财富、折旧三者之间的关系，就能够更好地体会出绿色发展的重要性，也可以驳斥那些质疑绿色发展的观点。

碳配额交易与减排融资的经济分析

——2009年10月15日在北京大学资本市场论坛上的演讲

近年来,气候变化融资问题日益受到重视,而碳配额交易和碳减排融资是全球气候变化融资的中心内容,也是2009年9月下旬召开的G20匹兹堡峰会和即将召开的12月哥本哈根联合国气候框架会议的中心议题。碳配额和减排融资与金融市场有密切的联系,将成为金融市场和资本市场中间的一个重要组成部分。本讲座介绍有关气候变化的碳配额与减排融资的若干概念,建立碳配额、碳税和减排融资的可计算一般均衡模型,并探讨碳排放数量限制的相关政策,最后分析了几个有争议的政策问题。

一、有关碳排放、碳配额与减排融资的若干概念

(一) 碳排放与碳减排

碳排放,是指《京都议定书》中的温室气体(GHG)排放,包括二氧化碳等6种气体,它们能够吸收和释放热红外辐射,从而导致温室效应。二氧化碳是6种温室气体中最为重要的一种,因此"温室气体排放"也被简化为"碳排放"。碳排放量主要是

在企业的生产环节中根据一系列对应的参数计算出来的,而不是在企业的烟囱上装探测设备测量出来的。这一套计算方法国际上比较成熟,可以直接借鉴。

气候变化是全人类的危机,不是地区性的局部问题,世界各国都必须采取措施,以保证全球气温上升幅度不高于2℃。不超过2℃意味着:到2020年,每年全球所有温室气体的排放量要下降到1990年的水平,即不能超过361亿吨二氧化碳。我国于2009年7月在意大利签署了G5+G8会议协定,认可了2℃标准,向国际社会表明了我国作为发展中大国,会负责任地积极参与国际减排行动。无论发达国家和发展中国家关于碳排放的谈判结果如何,都要控制二氧化碳的数量,不管是主张比例限制,还是单位GDP二氧化碳的排放量要逐步减少,实际最终都会对二氧化碳的数量进行限制。

碳抵免是碳减排方式之一,技术上是多种多样的。一是清洁煤技术,传统的污染控制措施主要是控制煤炭使用过程中产生的硫、氮氧化物和粉尘颗粒,新的清洁煤技术在提高能源转换效率的同时,降低二氧化碳的排放;二是碳吸收和碳沉降,即通过某种绿色植被(包括藻类等)吸收二氧化碳,使其沉淀下来;三是碳捕获与存储(Carbon Capture and Storage,CCS),即将电厂生产或其他工业生产中产生的二氧化碳废气分离出来,将之深埋于地下碱性含水层,或用于提高石油回采率。当然还有替代技术,包括风能和太阳能,太阳能又分加热型和光伏电池。从预测来讲,光伏电池在整个减排中能起到一定的作用,风能可能起到比较大的作用,但是上网方面的技术研发和成本还是要加以考虑的。

（二）减排机制与减排融资

对碳排放的限制必然导致配额交易，有公开交易，也有私下交易。大规模的交易能够准确发现配额的合理价格。例如，我国曾有过纺织品出口配额交易，某些企业为了多出口就要购买配额。

配额如何分配也是一个很大的问题。总的来说，配额分配有两种方式：一种是以市场为基础的配置，另一种是以行政为基础的配置。有了数量限制之后，这个配置可以是市场配置，通过市场交易系统进行拍卖，由市场定价；也可以由行政配置，就类似于现在所说的碳税体制，也就是对有碳排放的企业征收碳税。行政配置要求行政部门、财政部门了解究竟哪些减排活动是有效率的，以及税率多高合适。

再一个就是碳关税。碳关税是指对高耗能产品进口征收特别的二氧化碳排放关税。在国际贸易中，发达国家认为其国内生产企业买了碳排放指标，而一些发展中国家生产企业没有碳排放指标约束就相对便宜地生产，这必然造成了不公平竞争，于是发达国家认为应对这些产品的进口征收碳关税。2009年6月，《美国清洁能源安全法案》获得众议院通过，该法案规定，从2020年起美国有权对不实施碳减排限额国家的进口产品征收碳关税。碳关税可能会形成一种保护主义和贸易摩擦，所以我国强烈反对碳关税。

这次G20匹兹堡峰会中谈到的减排融资，涉及公共融资和私营融资的问题。现在比较主流的看法认为，大量的融资可能还要来自私营部门，也就是说终究还是要使用碳排放配额，一旦碳排放配额有了价格，减排活动就有了盈利。同时也就有了碳抵免的概念，类似税收里面的抵免。假如开发了减排的技术，或是能够做碳吸收、碳沉降，就可以获得抵免，使在减排方面的投资可以有收益，就动员了全社会的减排融资。减排融资很可能是将来金融市场中非常重要的活动，而碳配额可以像很多金融产品一样交易，并生成定价。

（三）碳减排国际政策框架与机制

联合国气候变化框架公约（UNFCCC，1992年签署）和《京都议定书》（核心原则为共同但有区别的责任；明确了减排日程规划和目标值；确定减排的温室气体；提出了减排的灵活机制；工业发达国家中只有美国没有签署此协议）是国际合作应对气候变化的基本框架和法律基础。《巴厘路线图》确认了加强公约和议定书全面、有效和持续实施的授权，一是为确保公约全面、有效和持续实施，就减缓、适应、技术转让、资金支持等作出相应安排；二是确定发达国家在《京都议定书》第二承诺期的进一步量化减排指标。

《京都议定书》提出了三种减排机制，即联合履行机制（JI）、清洁发展机制（CDM）和排放贸易（ET）。JI是发达国家企业从其他发达国家的投资项目产生的减排量中获取减排额度；ET是发达国家之间相互转让它们的部分"容许的排放量"（即排放配额单位）。CDM是指发达国家通过提供资金和技术的方式，与发展中国家开展项目合作，通过项目所实现的"经核证的减排量"（CER），用于发达国家缔约方完成在《京都议定书》第3条下的承诺。只有CDM是发达国家和发展中国家合作的渠道。当前对运用较多的 CDM 的缺陷评论较多。首先，作为基于项目的机制，CDM 没有实现技术转移的目标；其次，CDM 不能发掘交通、基础设施等碳消耗密集但较分散的部门的减排潜力；再次，CDM 项目的核准较为缓慢、不可预测；最后，在 CDM 下，发展中国家的排放可能继续增加，但有效应对气候变化要求所有主要经济体都要进行减排。今后，将会有新的机制取代目前的三种机制。

二、碳配额和减排融资的数学模型表达

面对全球气候变暖日益加剧的压力，低碳经济作为一种经济发展模式已成为全球发展趋势。发展低碳经济是中国经济发展的自身要求，也是建设节约型社会和可持续发展社会主义和谐社会的合理途径，是全面落实科学发展观的具体方式。积极主动发展低碳经济有利于化解国际压力，在国际上树立负责任大国形象，也能及时跟上低碳经济发展的步伐，调整中国经济的产业结构，走可持续发展之路。

制定"十二五"规划和我国低碳经济发展战略，可能会考虑到中国自身的碳排放数量限制的路线图，那么首先需要计算碳排放限制和碳配额的价格对经济发展的影响。如果不想用市场配置的话，就要知道碳税税率设置为多少。我们应该注意到碳排放是与经济结构联系起来的，高耗能产业多，排放就多，如果多发展服务业及高新技术产业，可能排放就少。另外考虑碳排放问题需要微观基础，必须与微观机制联系起来。它与投入产出也是联系在一起的，你需要从投入产出中看到碳排放的量。传统的计量模

型,特别是描述国民经济的计量模型,并不能完成这个分析任务。我们可以采用带有微观价格机制的可计算一般均衡模型进行分析。

(一) 一般均衡理论简介

一般均衡是与局部均衡相对应的概念。将一种商品市场与其他商品市场隔离开来单独考虑的研究方法称为局部均衡分析方法,单个市场中商品供给等于商品需求的状态称为局部均衡状态;将整个经济中所有市场联合起来考虑的研究方法称为一般均衡分析方法,当市场价格充分调整,使得所有要素和商品市场的供给与需求相等时的状态,称为一般均衡状态。

一般均衡状态是在供给与需求等经济中存在的诸多力量的共同作用下,经济系统达到的一系列资源配置和价格构成的理想的均衡状态,它是市场经济学家描述经济现象的原则性工具。关于经济如何达到均衡状态,Adam Smith 认为经济中存在"看不见的手"指引着众多市场经济主体参与并完成资源的配置。现代意义上的一般均衡理论始于 Walras,他在其 1894 年的著作《纯粹经济学要义》中,第一次从数学的角度对一般均衡概念作出了完整和较充分的论述。20 世纪 50 年代,Arrow、Debreu 和 Mckenzi 经过严密推理,证明了一般均衡的存在性。这为一般均衡理论在存在性、唯一性、稳定性和效率性等方面的进一步发展奠定了基础。20 世纪 60 年代以后,随着数据可得性和计算机技术的发展,一般均衡分析方法向可计算化方向发展。第一个 CGE 模型来源于 Johansen(1960)的著作。到 20 世纪 80 年代后期,CGE 模型开始被运用到环境分析上,此后,它在能源环境问题上的运用越来越广泛。

(二) 一个简化（simplified）的 GE 模型（s‑GE）

1. 部门生产函数。

$$X_i = f_i^{(p)}(K_i, L_i) \tag{1}$$

其中，X 为产出向量；i 为部门（行业），概念上是实物量；L 为劳动力；K 为资本；$f_i^{(p)}$ 为 i 部门生产函数。

产出 X 中，有一部分被用于作为其他生产所用的中间投入品向量：AX。A 为投入产出 A 矩阵，a_{ij} 为投入产出 A 矩阵元素，I 为单位矩阵。则净产出为：

$$(I - A)X_i$$

若产出的价格向量为 P，净价格向量为 PN（扣除了中间投入品价值），两者之间可以转换，则 i 部门的产品净价格可表述为：

$$PN_i = P_i - \sum_j a_{ji} P_j \tag{2}$$

类似地，对于出口部门产出，有出口生产函数：

$$E_i = f^{(g)}(K_i^{(e)}, K_i, L_i, P^{(g)}, P) \tag{3}$$

其中，$K_i^{(e)}$ 为特定行业出口的销售渠道、品牌、售后服务等无形资本；$P^{(g)}$ 为国际市场价格向量；P 为国内市场价格向量。

该函数的含义是：（1）出口量与生产要素的配置量相关；（2）产品用于出口还是内销，与产品的国内外比价关系（$P_i^{(g)}/P_i$）有关，实际上就是与汇率有关，同时，由于不同商品之间有替代关系，因此将整个价格向量放入表达式；（3）当期出口量与已形成的、代表着国际市场份额的无形资本有关，这些无形资本也是前若干期投资的积累。

2. 收入与收入分配函数。对于资本回报 S_i 和劳动回报 W_i，通过条件极值可导出：

$$S_i = PN_i \frac{\partial f_i^{(p)}(K_i, L_i)}{\partial K_i} \tag{4}$$

$$W_i = PN_i \frac{\partial f_i^{(p)}(K_i, L_i)}{\partial L_i} \tag{5}$$

如需考虑政府收入和支出，假定有一表达税收的收入分配映射：

$$(K, S, L, W) \Rightarrow GI \tag{6}$$

产生政府收入为 GI，相应地将减少家庭部门的可支配总收入和企业可用的资本总回报。经此二次分配，企业可支配利润为 $\sum(1-\beta)S_i$、家庭可支配收入为 $\sum(1-r)W_i$，政府总收入 GI 为：

$$GI = \sum \beta S_i K_i + \sum r W_i L_i \tag{7}$$

其中，β 为企业所得税税率，r 为个人所得税税率。

3. 需求函数。家庭消费需求为 $C^{(h)}$：

$$C_i^{(h)} = f_i^{(h)}[(1-r)\sum L_j W_j] \tag{8}$$

政府消费需求为 $C^{(g)}$：

$$C_i^{(g)} = f_i^{(g)}(GI) \tag{9}$$

企业投资为 $Y^{(f)}$：

$$Y_i^{(f)} = f_i^{(yf)}[(1-\beta)\sum K_j S_j] \tag{10}$$

政府投资为 $Y^{(g)}$：

$$Y_i^{(g)} = f_i^{(yg)}[GI - \sum C_i^{(g)}] \tag{11}$$

进口向量 M：

$$M_i = f_i^{(m)}[\sum P_j^{(g)} E_j, Er] \tag{12}$$

其中，$C^{(h)}$、$C^{(g)}$、$Y^{(f)}$、$Y^{(g)}$、M 均为多部门向量。$f_f^{(h)}$ 为 i 部门居民

消费函数，$f_i^{(g)}$ 为 i 部门政府消费函数，$f_i^{(yf)}$ 为 i 部门企业投资函数，$f_i^{(yg)}$ 为 i 部门政府投资函数，$f_i^{(m)}$ 为 i 部门进口函数。进口 $\sum M_i$ 受出口收入约束（体现为外汇约束），同时也受到国际市场美元价格向量 $P^{(g)}$、国内价格向量 P，以及汇率向量 Er 的影响。如果假定 Er 由供求平衡得出，可在关系式（12）中省略掉 Er，因为 P 和 $P^{(g)}$ 两个价格向量已全部包含了汇率形成的信息。

4. 一般均衡条件。首先是商品（货物与服务）市场均衡条件，为向量方程：

$$X + M = AX + C + Y + E \tag{13}$$

其中，

$$C = C^{(h)} + C^{(g)} \tag{14}$$

$$Y = Y^{(f)} + Y^{(g)} \tag{15}$$

表达了总供给（生产+进口）等于总需求（中间产品需求+消费需求+投资需求+出口）。生产法 GDP 为 $\sum (I - A) X_i$，支出法 GDP 为 $\sum (C + Y + E - M)$。

劳动力市场均衡条件为：

$$\sum L_i = L^{(s)} \tag{16}$$

$L^{(s)}$ 为国内劳动力总供给（标量）。当达到均衡状态时，工资将趋于一致化。可对 $L^{(s)}$ 进行分类，但会使模型变得复杂。

资本市场均衡条件为：

$$\sum K_i = K^{(s)} \tag{17}$$

其中，$K^{(s)}$ 为国内资本总存量（标量）。

国际收支均衡条件为：

$$\sum P_i^{(g)T} M_i = \sum P_i^{(g)T} E_i \tag{18}$$

以上，商品市场均衡条件对应市场出清价格 P 向量，劳动力市场均衡条件对应市场出清价格 w，资本市场均衡条件对应市场出清的资金价格 s，国际收支均衡条件对应市场出清的汇率 Er。$P^{(g)T}$ 是国际市场价格向量的转置。

（三）一个简化的（simplified）递推优化（Recursive Programming）模型（s-RP）

在简化条件下，国民经济可表达为：在生产要素资源和各项供求平衡的约束下追求 GDP 最大化。为此，可建立一个简单的递推优化模型。

$$目标函数: \max P^T(I-A)X \qquad (19)$$

其中，P^T 为价格转置向量，即行向量；$(I-A)X$ 为扣除中间产品后的净产出。

服从于约束条件集：

(PN) $\qquad AX + C + Y + R \leq X + M \qquad (20)$

(w) $\qquad \sum L_i \leq L^{(s)} \qquad (21)$

(s) $\qquad \sum K_i \leq K^{(s)} \qquad (22)$

(Er) $\qquad \sum P_i^{(g)T} M_i \leq \sum P_i^{(g)T} E_i \qquad (23)$

其中，PN 是经商品市场供求平衡产生的净价格向量，w 是劳动力市场供求平衡产生的工资（如不分类，为标量），s 是资金市场供求平衡产生的资金价格（标量），Er 是进出口市场供求平衡产生的汇率（标量）。

所涉及的函数和关系式包括：

生产方 $\begin{cases} 生产函数\ X_i = f_i^{(P)}(K_i, L_i) \\ 出口函数\ E_i = f^{(g)}[K_i^{(e)}, K_i, L_i, P^{(g)}, P] \end{cases}$

$$\text{分配映射}(K, S, L, W) \Rightarrow GI$$

$$\text{支出方}\begin{cases} \text{家庭部门消费函数 } C_i^{(h)} = f_i^{(h)}\left[(1-r)\sum L_j W_j\right] \\ \text{政府部门消费函数 } C_i^{(g)} = f_i^{(g)}(GI) \\ \text{企业投资函数 } Y_i^{(f)} = f_i^{(yf)}\left[(1-\beta)\sum K_j S_j\right] \\ \text{政府投资函数 } Y_i^{(g)} = f_i^{(yg)}\left[GI - \sum C_i^{(g)}\right] \\ \text{进口函数 } M_i = f_i^{(m)}\left[\sum P_j^{(g)} E_j, Er\right] \end{cases}$$

收入方面，根据数学规划的原始—对偶关系，初次收入分配是内生的，由影子价格 PN、w、s、Er 所反映。

之所以要有递推的表达，是因为优化模型的目标函数是以价格向量 P 加权的。我们可以假设该价格向量是从市场经济环境中获得的，因此它与影子价格向量 $\widetilde{P}$ 是一致的。但更合理的假设是，现实价格会有某种程度的扭曲（特别是对转轨经济而言），从而会导致目标函数含有扭曲，应使用模型内生的影子价格 $\widetilde{P}$ 来对目标函数加权。用影子净价格 PN 可导出影子价格向量 $\widetilde{P}$，其中使用了关系式（2），即 $PN_i = P_i - \sum_j a_{ji} P_j$。而该模型将以影子价格形式内生出价格 PN，并导出 $\widetilde{P}$ 向量。

在市场经济环境下，如优化的目标函数中的权重系数 P 与影子价格 $\widetilde{P}$ 不一致，意味着目标设置会有人为扭曲。假定目标函数中，事先的 P 总体上来自市场环境，扭曲较小，但一次优化后与事后内生的 $\widetilde{P}$ 会有少量差异。对此，可通过 n 次递推计算（$n = 2, \cdots, n$），使事前的 P 与事后的 $\widetilde{P}$ 之间的误差落入可容忍区间，从而达到模型的参数调校目的，即为递推运算式的优化模型。同理，需求函数中也运用了事前的价格向量 P，应在递推计算中与内生的影子价格向量保持一致。技术上，该递推调校能否收敛取决于模型的复杂性，可以去试图证明使用线性或弱非线性表达式的收敛性，但不保证当这些表达式复杂性明显增加时一定能收敛。与此同时，各约束条件均应处于紧约束（无松弛）的合理状态。现实经济中，表现为产能过剩或产品过剩的部门，影子价格应为零，即约束条件处于松弛状态。

（四）s – GE 与 s – RP 的等价性

可以采用不等式约束条件下求解非线性规划的库恩—塔克定理来求证前述两个模型（即 s – GE 和 s – RP）的等价性，这意味着追求特定目标最优化的经济思维与一般均衡的技术思维是具有一致性、等价性的。当然，这里的一般均衡是瓦尔拉斯（Walras）和帕累托（Pareto）概念上的均衡，而不讨论可能存在的纳什（Nash）均衡。

s – GE 和 s – RP 两个模型的等价性又使看似不同的经济思维能走到一起，从而可从两个角度进行分析论证，并最终得出一致的结论。其具体意义在于，对于在某一组约束条件下追求经济增长或经济福利最大化的优化思维而言，优化的过程还需要将市场供求关系所决定的影子价格回置到目标函数，并维持所有稀缺经济资源的供求均衡。从另一个角度来说，对于产品与要素的市场供求平衡及其均衡价格决定所形成的一般均衡状态，如在数学上排除个别非典型的均衡状况，则可用福利经济学第一定理来证明，该一般均衡实现了福利最大化的目标。

(五) 在 s–RP 中加入碳排放约束

在一个优化模型中,将碳排放作为一种约束加入约束条件集合是相对容易的,在概念上也易于理解。即在 s–RP 模型中增加碳排放的附加约束条件下,生产不能像以前那么充分,这会导致 GDP 有所减少,结构优化也会得出不同的结果。可以设立一个二氧化碳的影子价格 P^q,用于反映边际排放量对 GDP 的负贡献率,或边际减排量(含碳沉降或碳汇)对 GDP 的正贡献率,同时也象征着在完备碳市场条件下的碳配额交易价格。

最简化的插入是:

$$(P^q) \qquad \sum_i E_i^{(CO_2)} \leq q^{(CO_2)} \qquad (24)$$

$$E^{(CO_2)} = Q_1 X \qquad (25)$$

其中,向量 $E^{(CO_2)}$ 为生产部门二氧化碳排放向量;$q^{(CO_2)}$ 为年度二氧化碳排放的总配额;Q_1 为生产部门产出排放系数的对角线系数矩阵。

该不等式加入 s–RP 的约束条件集后,就会产生加入上述附加约束后的各种结果。

如果考虑更为复杂一点,消费也会有排放(如开车),则引入 Q_2 为消费排放的对角线系数矩阵;类似地,对投资排放引入 Q_3,进口、出口所导致的额外排放的对角线系数矩阵则分别为 Q_4、Q_5。这些因素在量上与生产方相比会很小,且多数系数为 0,但可以给出数学表达。这样,就有:

$$E^{(CO_2)} = Q_1 X + Q_2 C + Q_3 Y - Q_4 M + Q_5 E \qquad (26)$$

如果考虑碳沉降部门和减排的技术、设备、运行部门,在部门总数 n 上扩展这两个(或数个)部门,这些部门的产出具有负的碳排放系数，从而将减少碳总量约束的紧度。原来 n 维向量就变为 m 维（$m = n + 2$），并增加两个生产函数和两个投资函数，相关的矩阵也变为 $m \times m$，但模型的框架不发生变化。这时，总量约束条件仍表达为：

$$\sum_{i=1}^{m} E_i^{(CO_2)} \leq q^{(CO_2)} \quad (27)$$

这意味着全部的碳排放量均纳入了价格机制进行配置。

还有一种可能的技术处理是将二氧化碳作为一种部门产出纳入 X 向量，生产和中间投入的排放系数全部纳入投入产出矩阵 A。

实际经济中，人们可能会倾向于对上年度各部门已占据的碳排放额度予以认可或大部分认可，即可按零价格使用。而对剩余可分配的总量，倾向于按碳配额价格来配置，即有：

$$q_t = q_{t-1} + \Delta q \quad (28)$$

(P^q) $\qquad \sum_i \Delta E_{t,i}^{(CO_2)} \leq \Delta q \quad (29)$

其中，q_t 为本年度碳排放允许总量，q_{t-1} 是对上年度占有碳排放量的认可，$\Delta E^{(CO_2)}$ 为新增排放向量，Δq 是由碳价格配置的本年度新增控制总量，P^q 是与这种约束相配合的新增排放配额的影子价格。

类似的规则也都是有办法来表达的。重要的一点是，当一部分排放可获免费配额时，约束条件的影子价格 P^q 将上升，即那些付费获取排放权的市场主体所承担的配额成本会更高，甚至畸高。这样，该模型就可用于测试那些采用不同的增量配置规则所可能产生的效果。

另外，如将 s - RP 按年度加上脚标，使其可跨年度进行递推计算，则可进行动态模拟，以观察制度与政策的中长期效果，或者用来论证绿色增长战略的效果。当然，其中的一个重要连接是，当年的投资向量 Y 中有关碳沉降和碳减排的投资分量取决于上一年（或上几年）部门产出、支出和净价格，以及影子价格 P^q 的状况。这会增加复杂性，目前暂看不清动态最优化计算的可行性。

鉴于 s–RP 和 s–GE 两个模型的等价关系，当 s–RP 加入碳排放表达和碳排放约束条件后，由于模型本身的特性并没有根本性改变，因此必然可通过库恩—塔克（Kuhn–Tucker）定理的转换在 s–GE 模型中找出等价的附加表达。具体而言，除了维数作相应增加外，P^q 将在"收入函数与收入分配"部门中呈现。正如劳动者报酬等于劳动力对净附加产值的边际贡献，资本回报等于资本对净附加产值的边际贡献一样，碳排放配额价格等于碳配额对净附加产值的边际贡献（通常是负值）。由此可见，碳排放约束机制实际上是使碳成为一种作负贡献的资源约束。

两种模型的等价性意味着，采用市场供求平衡所决定的价格去构建经济运行的目标函数，将得出最优的资源配置效果。同理，采用市场交易达成供求平衡的碳排放额度价格，将实现有关碳排放的资源配置最优化。其他种类的温室气体排放，也可比照碳排放问题加入模型来进行分析、优化和模拟，同时将排放系数的安排设置为系数矩阵。也可采用温室气体排放当量的办法，将不同气体用各自的系数折算为碳当量。

对于不同的经济问题和经济政策问题，有时从 s–GE 的角度易于理解和分析，有时则从 s–RP 的角度更易于理解和分析。碳排放问题则显然从 s–RP 角度更易于入手。早期对温室效应还没有产生广泛的担忧，那时碳排放不构成经济活动和经济增长的约束，影子价格是零。现在有了新的认识，就是对碳排放需要予以约束。这样就构成了典型的约束条件下的优化议题,即数学规划问题。

三、基于模型的基本分析

(一) 有关存量配额、增量配额

世界上不少国家不会愿意接受短期内增设的碳配额约束,因为会影响正常经济活动,而可能会接受这样一个条件,即对当前已产生的年度碳排放量无偿给企业配额,但增加的碳消耗需要购买配额。实际上利用上述模型也比较容易对这种安排进行描述和理解。假设今年的 GDP 为百分之百,明年 GDP 增长 8%,这 108% GDP 中新增加的碳排放都是有价格的,然后分摊到各个部门里就会有平均价格。这种情况类似双轨制情景。20 世纪 80 年代钢材的价格比较便宜,就供不应求,允许工厂超额生产并议价销售一部分,在双轨制下增量和存量有非常大的差价。

(二) 控制碳排放应以碳配额交易制度为主导

降低碳排放必然增加企业成本。引导企业发展低碳经济有两个政策可供选择:一是财政税收政策。财政可以对减排企业实行财政补贴,或者对多排企业征收碳税(碳税是指在国内对碳排放量征收的从量税),就需要掌握如何计算碳税税率的方法论,同时能用模型来模拟论证不同碳税方案对经济各个方面的影响。二是碳配额市场交易的市场调节。市场化方式更有利于低碳经济发展。补贴和碳税属于行政管理行为,指标是人为制定的,其合理性和有效性都较低，而市场价格信号相对来说更加准确。同时，用市场方式来补偿企业的减排成本，效率高、公平性好、行政成本低，并且在市场建立和发展的过程中能够催生出一批相关行业和减排技术企业，创造新的就业机会。

利用市场方式解决企业减排的成本补偿问题，其成功的关键在于碳配额交易制度，也称碳排放权交易制度。发展低碳经济融资中，最主要的部分是碳限额交易制度，即通过设置企业排放限额，使碳排放权具有价值，并且在交易中准确发现价格，改变全社会投资资源的配置，从而解决低碳发展中最为关键的投融资问题。在碳排放配额交易体制下，企业有两种方式解决生产增长和碳排放量限制之间的矛盾。一是采用更先进的低排放设备，或者对现有设备进行低排放改造，从而减少购买碳配额，或可出售已有碳配额；二是从碳排放限额有富余的企业或专门从事碳沉降、碳捕获的企业（持有负值配额）手中购买碳排放额。碳排放权价格集中体现了产出增长、排放限额和技术进步等多种综合因素的均衡。在价格信号的引导下，企业自主选择主动减排或者购买碳排放额度。

按 s–RP 模型的概念来推导，可知碳市场价格及其所导致的配置是一种最优配置。这也意味着其他控制碳排放的管理方式可能劣于最优配置。

欧洲碳交易市场发展较早，也相对健全。2009 年八九月份，欧洲每吨二氧化碳的排放权的价格大约是 17 欧元，历史上曾经出现过将近每吨 30 欧元的价格。因为全球没有对碳排放作出承诺，所以碳排放每吨 17 欧元相对偏低了一些。世界银行前任首席经济学家测算碳排放权应该不低于每吨 32 欧元，否则无法达到《京都议定书》的减排目标。美国没有签订《京都议定书》，对碳数量限制没有有力的承诺，所以到目前为止在全球意义上没有真正实行数量封顶，从而影响区域的碳交易市场。后来，美国芝加哥气候交易所设立了一个国内自发的自我约束形成的自愿排碳限额及碳交易市场，即一些大公司自愿参加的碳交易市场，但这个市场不太严格。

不严格在哪里呢？从约束条件关系式（29）可明显理解到，没有明确的总量限额就无法在优化的意义上形成影子价格和资源配置。可以用过去计划经济中的布票、粮票为例，市场中供求能够使粮票或者布票形成一个价格，但如允许粮票、布票可以随便加印，那么这个价格就不知如何形成。最近我国在天津与芝加哥气候交易所合作成立了类似的碳交易市场。但是相当多数的人认为，没有正式的总量封顶的情况下，芝加哥式自愿性的碳排放市场价格形成是有问题的。还是应该有正式的总量限制，有了正式的数量封顶限制，碳配额交易和减排融资才能更好地步入正轨。

（三）共同有区别的责任及碳市场连接与价格

落实"共同而有区别的责任"会出现什么问题？从各自搭建的上述模型来看，落实"共同而有区别的责任"，发达国家和发展中国家均会产生碳平衡的价格，但价格不同。二氧化碳配额的价格决定了对减排的激励，二氧化碳配额的价格高就能激励企业减排，否则，效果就不好。西方发达国家准备在哥本哈根会议提出建立一个全球碳市场，为碳排放定价，并借此筹集大量、可持续的资金。同时还要提高发展中国家减排和作出承诺的积极性，以全球碳模型为基准去协调各区域、各国的碳价格。

发达国家和发展中国家各自设置的约束条件不同，发展中国家碳排放约束较松，减排函数导致的碳配额的价格也会比较低。那么怎么办？发达国家可能会这样考虑问题：如果你的碳配额的价格和我的不一样的话，那我要征收碳关税，即发达国家以自己的碳模型为基准去协调别国的碳价格，比如航空排放收费的做法。不管用什么基准，跨境的碳价格协调会反映到上述模型的出口函数［关系式（3）］和进口函数［关系式（12）］之中，从而又额外对经济结构及其优化产生影响。

另外一个可能性是，在哥本哈根世界气候大会或之后，有些发展中国家不承诺加入碳交易市场体系。如果全球多数国家加入这个体系了，少数国家不加入这个体系，发达国家可能会用碳关税来对付这些国家。当然，我们非常不赞成发达国家利用碳关税去补齐差价。

今后的国际收支平衡、汇率以及国际贸易摩擦，很可能都会同碳交易市场联系起来。当约束条件不同，不同市场之间的碳配额价格不同时，将会面临如何处理两种不同约束条件下的市场关系的问题。包括一种可能的选择是，发达国家可能用对发展中国家的减排援助来填补不同市场的差价。

四、减排融资及碳交易的金融市场特性

碳排放交易融资有利于解决低碳经济发展的资金问题，包括企业内部对自己的生产排放搞的碳减排投资，以及社会对低碳技术及其应用推广的投融资。碳减排交易融资从两个方面得到激励：第一个方面是，企业自身投资或融资进行减排改造，少排放

一些，会从节省配额或出售配额中得到回报。第二个方面是，对于社会投资者来说，对碳减排技术及其应用推广的投融资会通过碳交易的配额价格获取部分回报，可理解为碳市场给低碳技术设立了投资回报基准，会促使私人投资增加，从而刺激低碳技术的研发和市场化应用，包括新能源、碳捕获和碳沉降、煤的清洁燃烧技术等。碳限额交易这样的市场化手段，特别是投融资类金融机构的参与，使得资源重新进行配置，解决碳减排的融资问题。从全局来看，通过碳配额交易去支持融资应是减排融资的主渠道，能够大大减轻财政的压力。

金融市场是可以为碳配额进行定价的，可以发现它的价格，也有助于分析增量碳排放的配置是不是最优配置。金融市场除了会在碳配额的价格发现方面发挥作用，也会在减排融资上发挥非常大的作用。中国是一个制造业生产能力存在过剩的国家，其中一个很重要的原因就是储蓄率高。如果中国建立一个碳配额市场，就会吸引大量民间资金投资低碳经济的产品、减排设备，以及碳沉降和碳存储设施。减排融资未来将需要非常巨大的资金数量。2006年我国的碳排放是60亿吨二氧化碳，不管按每吨17欧元还是32欧元算，总的年度价值量都在上千亿欧元以上，所以说这个市场不可小视。当然将来这个系统怎么建立，是个什么样的框架，可能要取决于气候变暖的全球应对措施，取决于各国在这方面所做的工作和取得的共识。

另外，金融机构参与此市场又可以进一步转换投资资金的来源与期限搭配问题。实际上，金融市场在为减排的投资寻找来源，要设法利用全社会资本资源，而不是把减排局限为某些行业、某些企业的自身任务，这就需要金融市场来进行资本配置。

前面提到,不管是核电还是 CCS,有很多工艺路线都需要改变,都需要非常巨大的投资。也就是说,减排投资与碳配额的定价及资源配置新均衡状态有关,金融市场可以起到重要的媒介作用。

这还涉及当前投资和新科技得以应用的时间差问题。一项减排投资在投资完成并产生效益之前需要相当一段时间,资金供求上存在期限转换的要求,而金融市场恰恰是专职于资金期限转换的。即通过金融市场,可以在投资的供给和需求之间的时间差上搭起桥来,引进中间投资人角色来填补这种空缺。这样,金融市场就发挥了在时间轴上挪动并匹配供给和需求的作用。也就是说,有各种涉碳投资及其预期的减排效果,金融市场可作大范围混合搭配,而不是简单地"各扫门前雪"。

此外,金融可以在市场上帮助大家进行风险管理。任何一项涉及未来的减排,涉及未来的新科技,都有各种不同的风险,有些做得成,有些做不成,而这些风险管理正好是金融市场要做的。

进一步拓展开来说,就是金融业可以有各种办法来支持高新科技的发展,支持创新,支持创建创新型国家。如果我们做得好,那么我们可以在产业和经济结构的升级换代中扩大需求,支持新的经济增长点,同时也可以让金融界在这个过程中找到自己的用武之地,提供更好的服务、获取更多的价值回报。

五、若干政策问题的初步讨论

全球变暖在科学上是不是肯定由二氧化碳或者甲烷造成的?此问题应在国际上讨论,只在国内发表意见,容易造成思维混乱。只有科学家在气候变暖问题上达成高度共识，经济学家和金融家才能进一步探讨低碳经济实现方式中的具体问题。

谁将最终承担限制碳排放的成本？按照现在碳配额或碳税的办法，通过对生产者增加碳成本，最终将转嫁给消费者承担。即便用财政补贴，补贴也要有资金来源并最终逃不出由纳税人承担。总的来说，最后都是由消费者承担。发展中国家的消费者应承担多大的部分？根据全球气候变化的"共同而有区别的责任"，发达国家不但历史上累计排放太多，而且目前人均排放也多，所以有一部分应该由发达国家予以援助。

碳配额价格会导致能源价格上涨，是否会影响经济增长，消费者是否能承受？首先，发展低碳经济要求改革能源价格管制政策。能源价格管制（能源补贴）降低了能源产品的价格，导致更多的能源消费和更大的碳排放。因此，能源价格改革是低碳经济发展的重要内容。其次，能源价格上涨对经济发展的冲击不应夸大。两次石油危机中，各国经济均进行了相应的调整，能源价格对经济的冲击也进一步得到掌控。2001年以来我国能源价格上涨显著，而同期我国经济仍保持了很高的增长速度，这说明企业对能源成本上涨具有一定消化能力。

有人认为，低碳发展高度依靠高科技，而西方发达国家占有科技比较优势，我国则处于相对劣势，要吃亏。实际上，低碳发展路线主要是工程技术和工艺路线的选择问题，只有一小部分是高科技问题，此外还有机制问题和投融资问题。我国是制造业大国，解决工程技术和工艺问题的能力比较强。最需要解决的是机制问题，即增排有成本、减排有鼓励、减排投融资有回报的问题。这就需要使减排成为新发展战略的组成部分。

中国是主要依靠发达国家援助发展低碳经济,还是主要依靠自有资源主动发展低碳经济?有些发展中国家,如一些非洲国家,主要要求发达国家落实资金援助来发展低碳经济,而中国实际上已成为资本净输出国,因此并不是资本约束在妨碍中国的低碳经济发展。

我国经过30年的改革开放,抓住了全球经济一体化的有利时机,经济快速发展,取得了有目共睹的经济成就,但高耗能、高污染、高排放的增长模式正受到国内外越来越多的质疑,发展"瓶颈"凸显。低碳经济发展是一个能够同时解决经济可持续发展和能源、环境问题的发展模式,因此发展低碳经济也已成为全球不可逆转的趋势,也是中国经济发展的自身要求。

作为负责任的发展中大国,我国正全力贯彻落实科学发展观,努力建设资源节约型与环境友好型社会,大力提倡循环经济。主动发展低碳经济,也有利于化解外部压力,能更有利于落实"共同而有区别的责任"原则。总之,发展低碳经济不仅是我国转变经济发展方式、调整产业结构、提高资源能源利用效率、保护生态环境的需要,也有利于跟上国际低碳技术创新的节奏,保障我国能源的长期安全,还是建设节约型和可持续发展的社会主义和谐社会的合理途径,是全面落实科学发展观的具体方式。

碳减排的经济分析：
一般均衡框架中的配额机制

——2008年6月13日在中国人民银行学术讲座上的讲话

当前，应对气候变化的碳交易规则和担心粮食生产会引起通货膨胀是金融市场比较关注的问题。在全球气候变暖的情况下，要设置碳排放限额，并进行配额的市场化交易，对这个问题怎么看待呢？中国目前还没有正式承诺年度碳排放的数量，但我们在"十一五"规划中明确规定了两项指标：一个是二氧化硫，另一个是化学需氧量，这实际上也是配额指标。目前，世界粮食供给出现了一些问题，粮食引起的通货膨胀比较明显。国务院对此很早就进行了部署，温家宝总理在人代会上明确讲到要保证18亿亩的耕地。中国目前处于快速城镇化的过程中，土地占用比较厉害，有一些是合理的，有一些是不合理的。土地占用可能会减少粮食生产，从而影响到我国农业和粮食生产安全。虽然从理论上来讲我们也可以比较多地依靠国际市场，但是中国人口太多，如果过多地依靠国际市场，可能存在安全方面的问题。有不少学者提出可以用土地当量配额，也就是以土地的生产能力而不是简单地以耕地面积为单位来设置配额，这对中国来讲具有很现实的意义。那么怎样分析这种具有类似特点的配额问题呢？

我们可以试图建立一个分析框架，就是在一般均衡情况下，在某些方面设立局部配额。有的学者可能知道，20 世纪 80 年代后期曾经讨论过究竟是搞均衡经济还是非均衡经济的问题。非均衡的意思就是说在中国由计划经济向市场经济转轨过程中，有许多地方保留了计划的特点，特别是当时企业改革的主要方向还不是股份制和现代企业制度，而是搞承包制，承包制就是按照计划进行任务分解，也表现为一种额外的限制，在这些额外的限制之下，比如产量限制或者原材料供给限制，剩余的东西可以由市场平衡。大家当时对这个思路不太认可，认为这是西方经济学 70～80 年代所研究的非均衡理论，靠计划经济太近了，基本上不是市场经济。这与我们现在所谈的基本框架是市场经济、个别地方有配额，是不一样的。市场经济研究的是在一般均衡框架之下，个别地方有配额，以及对配额怎么分析和怎么处理的问题。

在研究碳交易时，一般人没太注意，为什么需要采取配额形式呢？最简单的类比还是纺织品配额。中国对美国、欧洲出口纺织品有纺织品配额，用什么样的分析框架来说明纺织品配额价格的形成呢？为什么配额拍卖可能是效率最高的？不仅操作效率最高，更主要的是资源配置效率最高。这就是今天要讲的题目：一般均衡框架下的配额机制。

一、一般均衡和配额

如果我们回顾一下，西方经济学里非均衡研究的一些主要论文，会觉得一般均衡可能过于理想。均衡状况不像瓦尔拉斯一般均衡所描写的状态，也不太像帕累托所描述的一般均衡状态，所以可能会出现其他状况的均衡，比如纳什均衡等。也有人说这个均衡里面会出现局部的、与一般均衡条件不一样的地方，主要有两个方面：一个是局部数量限制；另一个是生产函数和需求函数是非凸函数，就有可能导致不存在帕累托最优解。这里面还涉及一些生产函数中出现的非线性情况，其中也包括规模经济效应。如果有规模经济效应，就不是传统生产函数，不是柯布·道格拉斯生产函数，线性关系会打破，但不一定会改变凸集特性。

1. 简化的一般均衡模型（s–GE 模型）。先说一下一般均衡框架。对此有各种各样的描述方法，这里只选取一种简化的模型（参见第 75 页的 s–GE 模型）来讲。首先是产品的平衡。在典型的 GDP 平衡方程式中，进口 + 国内总产出 = 总消费 + 总投资 + 总出口，这里注意所有项目都是按向量分布的［参见第 77 页的公式（13）］。要指出的是，这个平衡式可不限于最终产品，国内生产中有许多是中间产品，如果把中间产品算上的话，这个向量的长度是最终产品 + 中间产品。也就是说，国内生产的总产品和进口的产品，其中有一部分是中间产品消耗的，其他的是最终产品。总产出中多于国内使用的是出口品［参见第 77 页的公式（18）］。这些平衡式用向量方程比较好表达。

我们能生产什么呢？生产函数能回答。生产函数［参见第 75 页的公式（1）］取决于劳动、资本、技术变量的配置，如果是农业，生产要素还要加上土地。

从需求方来说，对某一种产品的需求［参见第 76 页的公式（8）］可能与什么有关系呢？与家庭的收入和支出系数（比如消费倾向，反过来可以说成储蓄倾向）、产品价格和相对价格等有关系。

碳减排的经济分析：一般均衡框架中的配额机制

从总投资来说，就某个行业的投资我们也可以给出一个函数，这个函数稍微麻烦点，它涉及的都是跨周期变量，但我们现在简化地表述为都在同一个周期里面，比如在同一个年度，它可能根据哪些供给方面的缺口来形成这样一个投资函数［参见第76页的公式（10）］。对出口也可以设计一个函数，某个产品究竟应出口多少？它与这个产品的价格、国际市场价格有关系，也是一种价格的函数［参见第75页的公式（3）］，还与汇率有关系（如果写复杂一些，还与其他的变量有关系）。

总之，有了这么一组函数，试图把各项供求的内容描述出来，然后就靠一般均衡的一组必要的等式条件或不等式条件来表达平衡关系和资源约束。国际收支平衡简化地说就是进口等于出口［参见第77页的公式（18）］，复杂一点说，还包括外汇储备、外商直接投资等资本流动。在劳动力市场上，各行业就业的劳动力总和等于或小于劳动力总供给［参见第77页的公式（16）］，劳动力不可能超过国内的劳动力供给，由于可能有一定的失业率，所以有小于等于的关系。此外，总资本是资本的总供给［参见第77页的公式（17）］，可能会是上一期或上两期投资的函数，也就是过去的投资形成了现在的总资本。

从一般均衡来讲，一个社会总平衡表现为几个主要函数和几个主要的生产要素的平衡，商品与服务的供求是平衡的，资本是平衡的，劳动力是平衡的，进出口是平衡的。有了这样一组关系以后，我们就可以研究这里面的因素。

一般均衡并不一定是在数学上可以求解的，因为涉及很多变量，要么内生，要么外生，要是内生的话，还需要知道它从哪内生的。我们细想一下，劳动工资肯定是与劳动力平衡关系挂钩的，价格肯定是与总产品的向量平衡公式挂钩的，汇率肯定是与总进口等于总出口这个方程式挂钩的，投资是怎么决定的呢？投资是跨周期的，影响投资的一个主要因素是利率，利率和储蓄率、总资本形成有关。它们相互纠缠在一起，有时不太容易分得出哪些是内生的、哪些是外生的。如何能够使一个概念模型具有更好的内生性呢？对此，发明了 CGE，它是 GE（Generally Equilibrium，一般均衡）加上 C（Computable），就是可以计算的一般均衡，这样就把关系理清楚了。而这里我们又对 CGE 模型进行了简化，采用的是简化后的一般均衡模型，即 s–GE 模型（详见第 75 页）。

2. 简化的递推优化模型（s–RP 模型）。我们从概念上可以把 CGE 模型转化成一种数学规划（Mathematic Programming）模型（参见第 78 页的 s–RP 模型）。数学规划是一个目标函数优化的计算，涉及的约束条件有些是恒等式关系，有些是不等式条件约束，这些约束就导致了影子价格，然后市场价格就内生出来了。我们假设一个目标函数是 GDP 最大化［参见第 78 页的公式（19）］，可以写成生产法计算的 GDP，但现在大家对生产法 GDP 的批评意见比较多，认为符合社会主义生产最终目的还是为了最终消费最大化，所以也可以不用生产法 GDP，换成支出法 GDP 最大化。

约束条件集中首先是一个恒等式的约束条件，还有几个是资源约束的不等式函数关系。有约束就可能对应影子价格，也可能对应的影子价格为零；它有可能对应一个概念很明确的、有经济含义的影子价格，也有可能对应一个没有明确经济含义的影子价格。那么能不能从这个 GDP 恒等式中找到一个影子价格呢？应该说是可以的,这个恒等式对应的影子价格就是全部产品的价格向量[参见第78页的公式(20)]。国际收支平衡条件表达的是总进口等于总出口,它的影子价格就是汇率,汇率是进出口平衡的影子价格[参见第78页的公式(23)]。劳动力的影子价格就是劳动工资[参见第78页的公式(21)],可能这也是个向量,需求方可以分行业来确定劳动力,纺织行业有纺织行业的劳动力,因为它涉及技能的问题。熟练工人和非熟练工人是可以分的,可以分类平衡。资本的影子价格是利率[参见第78页的公式(22)]。这里目标函数和约束条件等设置可具体参见前文中的简化递推优化模型(详见第78页的 s–RP 模型)。

从数学规划来看,任何的约束条件方程式都会对应于一个影子价格,不管它有没有可解释的实际意义。当转换成数学规划时,又增加了灵活性,约束条件可以是等式约束,也可以是大于、小于型的不等式约束。如劳动力供给肯定是大于等于劳动力的需求,也就是可以有过渡性的、局部的失业现象。但数学规划模型,特别是线性规划,一旦约束条件松弛的话,影子价格会是零,但非线性表达就不一样了,它有可能不是零。资本也有这样的问题,可以有空闲生产能力,能够开足马力开工所涉及的资本,肯定小于现有的资本存量。要想增加资本存量就要投资,投资会在明年、后年才能形成生产能力。以上描述了一般均衡的概念模型,以及怎么对应为数学规划模型,对应的数学转换关系就是使用库恩—塔克定理。

另外,目标函数中多个项的加总是需要加权的[参见第78页的公式(19)],而权数也可能是内生的。比如,要最大限度地满足人们的物质文化需求,那每种物质文化需求的权重各是多少？一种是可以主观设定，我希望大家消费什么，就把那个权数放高一点。这实际上是行不通的。另一种是公众选择，最后还是由市场价格决定权重，所以用价格加权的各项物质消费和文化消费的总和，应该被看作经济体的目标函数。大家知道，如果是市场机制，市场价格反映了影子价格，影子价格就是市场价格。假如这个方程组存在一组解，或者数学规划能够有解，那么求出来的解就包含市场价格。

此外，还有一个算法问题。当这个目标函数隐含着使用影子价格加权的时候，只能先外生一组权数，比如国际价格，然后据此进行运算，得到一个解。如果这个解中的影子价格向量与原来外生采用的价格向量有偏差，可以用迭代的算法，把影子价格代入进去再求解一遍。如果反复求解的过程是收敛的，最后就能得出与目标函数权向量一致的影子价格。但问题还在于不容易知道它是不是收敛的，而且这个数学求证也很复杂。根据经验，如果这些函数是线性的，应该是收敛的；或者说，如果这些函数是凸函数，多数的情况也会是收敛的，是可以求解的。这个计算的过程，实质上就是探询市场价格的过程。

3. 配额的约束。再说说配额。配额就是相对局部的约束条件概念。早期，纺织品配额涉及发达国家对所属殖民地的优惠，比如法国让西非这些法属殖民地生产纺织品、服装，然后出口到法国，而对其他来源地出口到法国则进行限制。后来就演变为普惠制（General Preference System，GPS）。再后来，很多发展中国家经济发展了，发达国家担心发展中国家纺织品出口太多，加上区别对待的传统，就有了多种纤维协定（MFA），其中设计使用了纺织品配额。这对发展中国家是不合理的，而且发展中国家生产的许多配额产品实际是由外商直接投资企业生产的。那么某一国超配额生产的产品怎么办呢？比如说某一品种配额为 10000 打，该国可能生产了 11000 打，那多生产出来的 1000 打就要拿到国内市场上去卖，当然卖的价格也不一样。按理说，到 2006 年底 MFA 的纺织品配额就应该取消。但是，美国和欧盟都觉得中国出口太厉害，所以就将配额再延长了几年，有延长两年的，也有延长三年的。另外，发达国家对鞋和其他产品也曾设计过配额。

一旦实行了配额，配额就有额外的价值。谁分配到配额，谁就容易赚钱，这就造成了一种设租、寻租的过程。20 世纪 80 年代和 90 年代上半期，如果能从商务部要到配额就等于要到了钱，即使不出口，也可以倒卖配额。由于配额的倒卖非常厉害，因此就采取了拿一部分配额拍卖这一市场化做法。当然在方法上也有所改进，比如根据企业上一年业绩分配一个固定的配额，剩下的配额就进行拍卖，这样政府也增加了一部分收入。

在上述的简化模型里面，由于加上了配额这样一个约束条件，马上就出现了影子价格，配额的交易价格就出来了。在数学规划里，附加任何一个数量约束，就能产生一个影子价格，这个影子价格实际上就是市场拍卖的合理价格。这对一般均衡会产生什么影响呢？如果有了数量限额，出口可能就会低于生产潜力，总出口会比没有限额的时候要少，因而挣的外汇也就少，可使用的外汇也减少，外汇就比以前珍贵，汇率便会上升（本币贬值）。同时，对劳动力来讲，纺织品的产量会低于潜力，劳动力工资收入也会低一些，结果社会消费也会低一些。这些均对目标函数起作用而产生综合反应。虽然这个模型在实际计算中可能会遇到技术问题，但是从概念上来讲，这是一种分析配额机制的有效方法。

这个模型产生的配额价格会反映在影子价格中,会成为市场接受的配额价格,具体某纺织品的出口价格中就会包含其配额价格。按照拍卖制度,政府拿走了拍卖收入,从事出口的企业多交了配额钱,而出口商从美国或欧洲市场所挣的收入中已消化了配额的费用。这个机制导致配额很走俏,那怎么分配呢?通过拍卖实现分配肯定是最好的,也是让最有出口竞争潜力的企业能拿到配额,所以这种分配效率是最好的。

二、碳配额

我们回到碳交易问题。假如我们在国际上承诺碳排放的限额,就可以明确每年碳排放增长多少,总排放是多少,用数量配额及其分配进行总量和增量约束。那我们在国内该怎么分配呢?究竟是浙江多减排一点,还是青海多减排一点呢?这可以通过配额交易来确定,也就是减排减得多的可以拿到额外收入,减排减得少的要额外出钱。这种交易与纺织品配额是类似的。

为了分析碳配额问题,可以在正文的 s-RP 优化模型中,将碳排放作为一种约束加入约束条件集合。既可以采用最为简化的约束[参见第81页的公式(24)和(25)],也可以把消费产生的排放考虑进来[参见第81页的公式(26)],还可以考虑加上碳沉降部门和减排的技术、设备、运行部门[参见第82页的公式(27)]。此外,还有一种可能的技术处理,即将二氧化碳作为一种部门产出纳入。

总之,在总体优化配置之下,每个行业的碳排放都可写出相

碳减排的经济分析：一般均衡框架中的配额机制

对应的约束条件，它与企业生产量有关（比如发电多，碳排放也就多），同时和技术因子有关系，还可能与其他一些变量有关。总排放约束就相当于设定了配额，使得实际运行中的排放必须小于等于这个设定配额，因而也就产生了影子价格。具体到不同生产部门，碳排放的代价不一定体现为价格转移，也可能表现为成本控制。那么什么人会买配额，什么人又会卖配额呢？比如，新上一个100万千瓦发电机组，通过了解该发电机组是超临界还是超超临界、耗煤量是多少等技术参数，通过计算就可以知道其每度电排放量是多大，即二氧化碳的排放量是可以从生产方式直接测算的（而不是从大气中测量其排放了多少），然后计算该交多少配额费用。因此，要建立一个工厂，就涉及要买入多少碳排放配额才允许开工运行。

那么什么人可以卖出配额呢？由于技术进步或者采用新的能源，部分企业的排放低于当年控制目标，相当于可以取得负值配额，即企业技术改进了，排放的增量上出现相对负数（也就是增量为负）。再有，就是碳沉降和碳封存技术。碳沉降技术主要是指植被吸收的二氧化碳多于释放的，碳封存是把碳收集后直接封存到某些地质位置上或者海里，总之不排入大气、不造成气候变暖，所以它的总排放就是负的。排放负值的这部分企业卖出配额，就造成了买卖关系。另外，政府的配额也许还会有一定增量〔参见第82页的公式（28）和（29）〕，比如说中国碳排放最近5～10年还可以每年增长一点，往后再让绝对量下降。所以，增加碳排放与碳沉降两组方程，增加一个带有配额价格形成机制的排放约束后，基本上仍是一般均衡模型框架，就出现了配额的影子价格和配额交易的机制。

那么，我们如何看待这个机制对整个国民经济的影响呢？增加了碳排放约束，产生了影子价格，这就增加了额外成本，使得产品的净价格提高，比如电价。北京一度电大概是0.48元，有了这个机制以后电价也许不止这个价格了，也许是0.55元。对国际收支平衡、出口、劳动力的影响都可以按照这个方法进行分析。

从这个宏观框架出发，涉及的因素还可以进一步微观化。假设开始实行碳排放国内配额交易，大家都有积极性了，就逐渐发展成一个金融市场，允许各种金融机构和投机者进来交易，从而形成了配额的市场定价。这种机制得到的配额价格是总社会成本最低的价格，是社会效率最高的价格，也是对社会最有益的价格。也就是说，在达到减排目标的前提下，虽然把整个社会生产、消费和GDP都往下拉了一点，但所付出的代价是最低的，这也是可以证明的。

为什么金融市场的参与者会对这个交易感兴趣呢？除了金融市场能为各种复杂交易提供平台外，金融的投资者以及投机者也能借此寻找价格、发现价格。除了发现价格以外，实际上它更是一个投融资过程。就像刚才说的，某企业上了100万千瓦的发电机组，电厂需要到配额市场去购买配额，实际上，电厂并不需要在配额市场里真的找到具体的卖方，而是通过支付一个由金融投资/投机者交易形成的市场价格而拿到配额。这些金融投资/投机者可以通过融资过程，把钱投给碳减排的生产者或者从事碳沉降或碳封存的投资者。大家知道，碳沉降本身是基本上没有资金回收渠道的，谁来买单？事实上，碳沉降真正能体现出效益，是因为有人要碳排放，需要为碳排放出钱，而且他不需要直接去找搞碳沉降的人，只需通过金融市场搭桥就行。此外，碳配额买卖双方的周期不见得一致，存在未来碳配额价格和期限转换的问题。比如说企业2008年投产，已经进行碳排放了，但搞碳沉降的人可能是2009年或2010年才投产，这中间怎么搭配转换呢？通过金融市场，碳沉降技术开发商和投资者还没见面，投资就可以投到碳沉降上。所以说碳交易市场除发现价格以外，还具有很重要的投融资功能，这与其他金融市场是非常类似的。

三、土地当量

刚才谈到18亿亩耕地的红线，土地当量有点像标准煤的概念，习惯上，中国人用标准煤来衡量不同燃烧值的煤，也有人用标准油作为单位。土地有高产田、中产田和低产田，肥力不一样。除了田的产量以外，还有一个自然条件的系数，有的地方受灾概率是10%，有的地方是1%。所以乘上那些系数把土地也转换成一个标准量，可以叫"当量"，当量比简单地算多少亩耕地更加科学，因为目的是要保证粮食产量，保证粮食供给和农业安全，要的并不是简单的多少亩耕地。国家还是有开发新土地的可能性，低产田也有可能通过水利设施变成中产田和高产田，所以土地供给方面是有弹性的。土地需求方面主要是城镇化，城镇化及其基础设施在占地，我们希望城镇化尽量少占地，但一点不占也不可能，城镇化要尽量占山地、坡地。说实在的，在山地、坡地建城市不是那么容易的事，成本高，运输也难，还有许多城市本来在平原，其扩张也不可能不占地。中国早就提出要"占补平衡"，占地和补地要平衡，这就相当于碳排放和碳减排要平衡，所以土地问题也可以用这一框架来分析。

18亿亩耕地总限制可以写成一个以当量为单位的不等式约束条件，再加上一组表达土地供需的函数，包括生产什么东西要多少地。这中间也有一组技术含量系数，粮食生产方的技术含量中最主要的有以下几种：一是水利设施，水利设施好的地方，土地产出就不一样；二是气候；三是生物和遗传工程技术，例如，转基因品种就使得产量增长将近一倍。过去农业技术里很重要的技术就是农药，虽然可以减少受病虫灾，产量上去了，但是农药的长期副作用比较大，所以现在越来越多使用转基因和生物工程技术，它能内生病虫害抗体，包括对根部腐烂的抵抗能力，这些都用生物工程和转基因在做。

这样，我们就多了两组方程：一组是与生产方及其技术含量有关系的土地节约方程，包括通过水利建设提高土地使用效率的因素。另一组是土地占用方程，比如城镇化，城镇化总会占用土地，不同的城市在扩大城市化中存在不同的耕地需求函数。城镇化还与生产有关系，与消费也有关系。城镇化以后，消费就会上去，服务业就可以上去，而服务业在农村很难获得大发展。总体上，农业生产是要占用土地的，但有一些农业生产技术是减少土地当量占用的，也有一些技术的开发是增加土地当量供给的。最后有一个不等式约束条件，即土地当量总数不小于我们现在的18亿亩耕地。这样一来，影子价格就出来了，就产生了土地当量的配额价格。

这个分析框架会有什么用处呢？一旦有了土地当量，它有可能限制城镇化开发的速度，可能会拖慢GDP、总生产、总消费增长速度，但是也有可能促进农业技术和土地利用技术的提高，从而可以减缓这种对GDP的拖慢效应。总体来说，在一个约束条件比较少的情况下，能够形成较高的目标函数最优化的值；如果多附加一些约束条件，而且约束是严酷的，一般来说都是会把整个目标函数值往下拉。至于拉下程度有多少，可以像碳配额一样通过金融市场交易，得到对整个模型最优化目标损失最小的、最有效率的、交易成本最低的结果。同样还可以得出一个简单结论，即由全国统一的配额所形成的约束条件，比分省份分别设立约束条件的效率要更高。现在的问题是我们有行政区划，所谓"占补平衡"都是按省平衡的，各省省长都要提出省内"占补平衡"。例如，浙江省说占是要占的，但要我补，我已经没地了。如果硬要我开发土地，我希望去黑龙江开发。这里有人会提出疑问，江南水乡都是种稻子的，换到别处的一亩地也换算成一亩怎么能行呢？这就要引入一个合适的度量，所以要有当量的概念。再有，整体化的交易把各种因素都包含进去了，可以做到更为合理化的资源配置，未尝不可以让浙江人去黑龙江开发一块地，最终来讲它都是为了确保产粮食。只要真能实现占补平衡，扩大占地搞城镇化也未尝不可。我们这个模型是说，土地当量度量和占补平衡市场搞得好的话，资源配置效率是最高的，对GDP最大化的影响也是最小的。

金融市场价格发现和金融投机也起到融资的重要作用。现在的城镇化显然是有好处的，但城镇化中什么人得到好处多呢？可能有四种人：第一种是开发商；第二种是地方政府，政府卖地筹了钱，城市发展了，有许多带动效应；第三种是盖了房的人，谁住谁受益了，这里面包括搬迁的农村居民，也包括从农村来的农民工；第四种是被征地的农民，根据当前的土地制度，占地的时候要给当地农民补偿，所以农民也得益了。如果我们加了一个土地当量配额，这四个受益方就要与其他人分享城镇化的好处。怎样才能达到最优化呢？还得让受益方购买土地配额。买配额的钱流向哪去？这个钱流向了荒地开发或者各种有可能使土地当量有所上升的技术环节。纯粹的生地开发是很难赚钱的。有谁愿意到边远地区投资搞水利工程，改善农田？这有点像刚才讲的碳沉降、碳封存，不见得赚得到钱，真正能赚是要有配额收益来补充。要是能从城镇化受益方手里再挖出一份好处来，生地开发、农田改造、水利工程就可以赚钱。这个平衡机制就可以使得金融市场中的投资者、投机者、价格发现者多承担一项功能，实际上是在做保护土地当量和增加土地当量的工作，金融市场的好处就有所表现了。更何况金融市场还有个功能，就是通过远期、期货、期权这类产品在时间轴上延伸。投资者所获得的收益与使用者付出的配额成本，中间如果有时间差怎么办？例如，江苏开发城市想盖楼要买土地配额，明年就开工，后年就投入使用，而新疆搞水利工程可卖出配额以达到"占补平衡"，但要数年之后才见效并获得配额，中间的钱谁垫付？金融市场的期货、远期等品种可以解决这些问题。那么它的效率体现在期限搭配、信息不匹配上。在城市开发中，选择一块土地盖工厂或宿舍楼的那个人，一般不会有农业和地理方面的知识，怎么能找到"占补平衡"补的那块地呢？同时，搞农业生产、搞土地改造的这些人，他也不知道城市化那边有什么样的工程。最终是由金融市场给解决了。

四、国际收支

最近人民银行研究局做了一个国际收支的课题，也可以用这个框架来分析。我国的国际收支不平衡,当前有巨大的贸易顺差,所以2006年中央经济工作会议提出"调投资、减顺差、促消费",2007年又提出了"控总量、防通胀、调结构、促平衡"。总的来讲,都是把国际收支平衡产生的结构问题看得比较重。人民银行在这个问题上也很早提出了自己的看法,在2004年及2005年汇改之前,提出我们的经济由于过去外汇短缺的惯性,使我们的体制存在三个问题:第一个是长期一贯的"奖出限入"。第二个是外汇上的"宽进严出",进来容易,出去难。第三个是"填平补齐,进口替代"。"填平补齐"是指自己不能生产的东西就要想办法自己生产,导致了所谓的进口替代。进口替代发展战略在拉丁美洲用得比较多,20世纪60~80年代印度等发展中国家也曾采用进口替代发展战略,后来被证明落后于出口导向型的"四小龙"。人民银行提的这三个问题,前两项慢慢都被接受了。"奖出限入"问题2006年被写入中央文件,提出以后要纠正"奖出限入"。"奖出限入"弄不好还违反世界贸易组织规则,遭到反倾销、反补贴,对出口给补贴是不行的。对于"宽进严出",2007年中央经济工作会议也正式提出要纠正外汇管理方面"宽进严出";最近要修改外汇条例也是主张均衡管理,不要再宽进严出。"进口替代"还没有被官方文件所明确,也是一个值得研究讨论的题目。今天既然讲这个模型,也就顺便把这个题目说一说。

如果想"奖出限入",一般要把汇率放低,即让人民币低估,给进口设置关税;或者设置非关税壁垒的限制;或者设置配额。这些都是典型的"奖出限入"。另外也可以直接对出口给奖励,像有的地方出口一美元奖励一角人民币,这都是违反世界贸易组织规则的。出口上去了，涉及出口的就业也就上去了。外汇的"宽进严出"在这种方程里就表达不出来。

下面说说这种模型可否反映什么是进口替代型发展战略和支持出口导向型发展战略。支持出口导向型发展战略，要按照出口的有关行业的政策激励，包括汇率政策，使出口的发展比较快，劳动力多向出口方面倾斜，资本通过投资多投向出口行业。但从国民经济核算这个方程可以看出，出口和消费之间有替代的关系，也就是说，假如出口价格好的话，可能就多出口；假如价格不好的话，就多内销。当然也得假设国内的需求是旺盛的，老百姓愿意购买，这中间完全是一个供求曲线的替代关系。

进口替代型主要强调的是多把进口堵住，想办法通过自身投资，形成自己的生产能力，尽量自己生产，使得生产要素、资本、劳动力往进口替代的行业倾斜。典型出口导向型的增长，出口这边可能是纺织，进口那边是机器设备，出口挣了外汇去买那些设备。也就是说出口导向型战略中的生产要素（劳动力、资本）集中向出口行业倾斜配置，进口替代型战略则把劳动力、资本集中向设备制造行业倾斜。巴西过去搞进口替代型战略，结果效率低，增长率慢慢上不去了。这里面要引入两个概念：一个是生产要素通过政策导向往哪个方面多配置的问题；另一个涉及比较优势和规模经济效益。出口导向型发展战略是说哪儿有比较优势，就在哪儿多生产。就像刚才说的，多从事劳动密集型生产、多出口、挣外汇，缺的东西自己用外汇去买。进口替代型战略是说凡是我有进口的，我就想办法自己生产。但一般的国家都需求面广，汽车、手表、计算机、生物工程都有一点需求，这样就会使得进口替代的部门铺的面很宽，每个规模都很小，涉及规模效益不足的问题。自己去投资,配置了资源后,规模都不够大,所以效率不高,最后还竞争不过人家。巴西就面临这样的问题,所扶持的若干工业没有足够的市场竞争力。所以,出口导向型发展战略和进口替代型发展战略最终的表现是在生产要素的资源配置上,不要只看政策目的怎么样,更应该看生产要素资源配置问题。

过去对发展战略的讨论是把出口导向型发展战略和进口替代型发展战略作为两个对立面来看,要么搞出口导向型,要么搞进口替代型。为什么呢?因为劳动力资本和货币资本都是有限的,要么往这边偏,要么往那边偏。但是有的学者分析中国有一种现象,就是资本一部分来自国内,一部分来自外资。我国搞劳动密集型出口非常多,但国家的资本相当大的程度在向进口替代汇集,留下来给出口这个环节的资本配置大量是靠外资,是外资投资建了出口导向型的工业,如纺织厂、纱厂,后来还有不少民营资本投资于出口导向型企业。不是说中国存在进口替代现象,就否定出口导向型发展战略,它们出现了并存。这个模型隐含着优化的概念,有可能很快就会发现这种资源配置倾向不一定是最优配置,除非加入某些外部约束条件。主要是飞机、CPU、核电站等关键产品和技术,美国等西方国家不一定卖给我们,我们只能自己去配置资源做。这就是额外的进口约束条件限制所产生的问题,它会导致资源最优配置的改变。

这里有一个对当前有用的分析:从生产要素的配置可以分析模仿型的生产和自主创新的关系,我们现在已经强调要发展创新型国家,但自主创新背后也有一个资源配置的问题。拿清华毕业生来说,假设这些人都是优秀人才,而且是可以在不同岗位上做出突出成绩的,那么他们究竟是被用来搞创新了呢,还是去搞仿制、进口替代了?搞进口替代是把别人的专利消化,把别人的机器做反向工程,把人家的技术分析摸懂了,然后自己也可以制造,这就基本没有什么创新。但要保护知识产权就不能再这么做了。这其实也是个生产要素的配置问题,涉及是否有额外的(西方)出口管制的约束条件,这与出口导向型和进口替代型战略之间的选择也有一定的关系。

涉及军事等敏感部门也是另说进出口约束条件的。总的来说,能否买得来将涉及不同的资源配置优化。还有涉及政治化和产业安全问题,更超出了常规分析框架,而需考虑外加的、类似配额的约束条件。总之,分析国际收支平衡导致的发展战略,在进口和出口之间,在创新与仿制之间,背后的内容是可以用一般均衡框架去优化资源配置来加以解决的。而资源配置优化又涉及是否存在额外的约束条件,连接着目标优化和效率,就知道什么是最优选择,什么是次优选择。然后联系着政策变量,价格怎么样,劳动工资怎么样,汇率怎么样,都可以联系在一起了。

这些讨论,就是想在我们分析气候变化、土地红线和国际收支平衡等议题,及由此涉及发展战略和结构调整等政策设计时,也包括分析如何具体落实2006年和2007年中央经济工作会议精神时,可以使用这种有额外约束条件(配额)的一般均衡模型作为分析的框架。

碳中和所需要的思维转变

——2020 年 11 月 25 日在《财经》年会上的讲话

2020 年 9 月，习近平主席在联合国大会上作了重要发言，并代表中国对外作了承诺，提出"努力争取在 2060 年前实现碳中和"目标。我个人前不久也参加了 G30 关于实现净零排放报告的发布会［我们用的词是碳中和，G30 用的是净零排放（Net–Zero），意思上差不多］。中国要如期实现碳中和，任务很艰巨，面临很多挑战，需要做很多工作，这就需要我们做好规划，建好机制，并在这方面培养好人才。那么，根据我国的现状和未来的目标，我们需要在哪些事情上做好研究、做好预案、做好落实，并同时培养人才呢？下面着重介绍五个方面的问题。

第一，我们主要依靠什么机制去实现碳减排和碳中和？这个问题在中国十多年前就有过争论，争论的是主要依靠行政性任务分解，还是主要依靠价格激励。按照计划经济的传统办法，可以将碳减排的任务进行分解，下发给各省份，要求它们实现碳排放达标，并对它们如何落实、落实与否进行监督检查。另外一条路径是主要依靠价格激励机制，依靠碳税或者碳市场的排放配额价格，提供激励机制来加以实现，也就是以市场手段为主。当然，二者可适度结合，但必须明确其中的配合关系。

当前,我们首先要认识到此项任务的艰巨性。要在2060年实现碳中和,表面上看还有40年,但实际上任务是相当艰巨的。回顾已有的实践,即使是对碳减排非常积极的欧洲,在40年中做到了什么样的减排?这是有数字可查的,也可以说明我们任务的艰巨性。另外,实现这项任务需要大量的投资,而投资是需要周期才能看到结果的。同时,对中国来讲,还有一个基数的问题,现在中国的碳排放在全球的比重接近30%,特别是我们的单位能耗或者说单位碳排放,也就是从每产生一个单位GDP所产生二氧化碳的量来讲,基数是很高的,因而对于我们来讲,这个任务就显得更加艰巨、更加繁重。当然,我们也要看到乐观的方面,也就是技术在不断创新,有些技术逐渐成熟。不过要把这些技术投入应用,也需要大量的投资。

过去,集中型计划经济的教训是靠造计划大本子,然后分解任务来推行。但是单靠派任务,不去或者少去考虑经济实体(这里包括人和机构)的积极性,即不依靠激励机制,很多分解的任务最后看起来都是完不成的,或者是不现实的。这些教训让我们看到,仅依靠过去传统的任务分解方式恐怕是不够用的,缺乏激励机制往往造成任务得不到落实。与此同时,靠任务分解方式将任务分放下去,最后报上来的数字经常是不真实的,这方面我们在旧体制下有很多体会。此外,从对任务分解的检查监督方面来看,二氧化碳排放与许多其他经济任务相比,其难点就是度量和检查上困难更大。因此,在"十四五"规划建议中,已经明确写了,要更大力度地发展和利用碳市场。

要实现碳市场交易的合理价格,首先要有总量,总量要封顶。在封顶条件下对碳配额进行交易,这样才能有价格形成的规律性。目前，中国未来若干年的碳排放总量还未逐年明确，涉及今后这40年内总量到底是如何确定、如何计算的。由目前过渡到某一具体目标年份，总体上逐步加严的总量控制可以是线性的，也可以是先松后紧或先紧后松的。总体而言，我们这项工作目前还是有所滞后的，这与多年前思路上存在的偏差有一定关系。在大约10年以前，很多人的认识都是碳减排会影响发展中国家的发展，因此中国当时认可的减排任务，强调要按比例，也就是按GDP增长的比例来承诺比例性排放指标，在一定程度上是抵触总量指标的，认为总量指标模糊一些为好。这是过去历史形成的缺陷。

定了总量指标后，在对这个总量进行分配的时候，可能在前期要照顾到当前的生产和工艺路线，可能最开始有一部分免费配额分配，随后逐年减少免费，所以这是一个过渡过程。这个过渡过程的设计也非常重要，特别是它必须成为一个可信的过渡过程。中国提出，2030年前要达到碳排放的峰值。我认为，这是有条件实现的，而且应该也有条件往前赶。否则，我们后面30年的任务就太重了。

大家知道，在中国也有一些地方或者一些机构，很早就有积极性发展碳市场，所以它们已经在中国的若干地方（比如天津、广州）建立了一定规模的碳市场，同时也进行了碳排放的交易，并产生了交易价格。那这些碳市场与未来全国的大市场究竟是什么关系，也是需要探讨的。如果各个市场的设计不一样，总量封顶的依据不一致，中间又没有连通机制的话，那么所形成的碳排放价格可能就是不一样的，这就不利于整个工作的推进，所以要想办法把这些市场连通起来。

总之，我们要高度重视激励机制，也就是碳排放配额的价格，或者是碳税的税率。同时要在这方面有明确的价格形成机制和定量计算规范，并设计好如何通过市场将各项工作落到实处。

第二，要为众多的参与者提供可测算、可作计划的参数。未来完成这样一项伟大而艰巨的任务，国民经济中可能有相当一部分行业和机构、企业都需要参与进来。一开始我们肯定先要抓大头，所谓"抓大头"就是抓能源行业，特别是发电，必须大幅提高电力能源的比重，同时在发电中，要全面摆脱化石能源。此外，大家也必然关心交通，交通也是一个比较大的"头"，未来汽车怎么样，飞机怎么样，海运船只怎么样。在此基础上，要真正实现2060年碳中和，恐怕还会涉及更多的中等排放量的行业和机构。比如建筑材料，如果钢筋、水泥用得多的话，生产中的能耗会比较大；再比如建筑物的保温问题。对这些都要进行详细的测算，要测算必然用到参数。要有权威机构给出参数，让所有涉及碳排放的机构能够做到可测算、可计划，才能更好地实现目标。此外，对于碳捕获和碳沉降（碳汇）等，也需要权威机构给出相关参数，因为减排的或吸收的量是可以直接在市场出售并获得收入的。当然，这类权威性的机构不见得都是政府性机构，有些专业性的咨询或评估机构也能起到很重要的作用。

可以说，现在还有很多的机构和行业目前并不清楚它们应该使用什么样的参数和度量方法来进行计算。多数的参数并不是在空气中实测二氧化碳来度量的，而是从生产方式、工艺路线、产出和选用的投入品等方面计算出来的。只有有了这些参数，才有配额的数量和配额的增量，这样碳交易才能产生合理、稳定、可预期的价格。

第三，在实现碳中和的后半期，我们更多的注意力将转移到碳捕获、碳沉降、碳吸收方面。清华大学能源环境与经济所有一个报告，测算了中国到 2060 年的能源结构。应该说，这个能源结构的变化是非常雄心勃勃的，是需要花费巨大努力才能实现的。根据他们的测算，从 2019 年到 2060 年，化石能源在能源中的占比要从 85% 降到 13%，核能从 2% 上升到 19%，可再生能源从 5% 上升到 53%，这个变化是非常大的，会需要大量的投资。所以动员投资和投资配置也是个很重要的问题。但我们也要看到，即便到 2060 年，按照他们的测算，化石能源占比还有 13%，其中煤炭减得多一点，天然气和石油还占一定比例。当然，这个测算准不准，大家可以讨论。总而言之，真正在全部生产和生活过程中把化石能源和其他一些碳排放完全降到零是非常困难的，也就是说，那些难以降到零的碳排放，未来可能需要通过碳吸收、碳沉降等技术来中和掉。因此，我们在前半期着重发展可再生能源和其他碳减排，到了后半期，可能要把更多的注意力放在碳捕获和碳沉降上，这样才可能在 2060 年实现净额为零的碳中和。此外，还要考虑一个很大的可能性，就是全球变暖加快（全球气温在近期升高还是比较快的），有可能已超过原来 2 摄氏度线性安排的进度。对于已经排放出的二氧化碳和正在加快的全球变暖，主要也是依靠新的科学技术、新的投资产生的碳沉降机制来把一部分二氧化碳吸收掉。这方面需要很多的创新。

十多年以前，我在《财经》年会上提出了二氧化碳减排问题，同时也呼吁重视 CCS 技术，即碳捕获与存储的技术。当时主要考虑的是，中国对煤炭的使用比例实在是非常高，如继续使用一定量的煤炭来发电，就要对电厂排放的碳进行捕获并存储到地下,这是一项非常值得关注的技术。

关于绿化和种树的问题,我觉得也需要把参数搞清楚,把计算搞清楚,要弄清楚究竟它在多大程度上能够吸收大气中的二氧化碳。目前各种说法不一,也就是各种参数并不统一。或许这需要非常大面积地进行绿化、种树,这当中还涉及树种、密度等一系列问题,因此很可能还需要其他方面的创新技术。或许,会有很多我们未来所指望的技术现在还没出现或没有成熟,在工艺上尚未进入实用阶段,包括一些人关注的生物科学方面的方法,比如一些藻类生物是否具有特别强的二氧化碳吸收能力等。因此,要依靠创新,而创新又带来了很多管理上和投融资上的问题,其中也依靠很多测算工作,需要给出预估的实效。在这种情况下,我们就更需要加大对创新的激励,这些激励机制也是投资评估和回收的主要参数。

此外,从全球气候变化的角度来看,我们还需要关心其他排放气体,特别是甲烷气体,需要做的工作也很多,也涉及很多管理、激励机制等方面的问题。

第四,碳税与碳市场的选择。关于二氧化碳减排的激励机制,国际上也有不同的主张,主要是在于究竟采用碳税,还是更多地依靠碳排放市场。碳税可能更简单一些,但是也有一个问题,碳税往往集中在财政手里,而财政能否将其进行最优配置,能否把这些钱用于碳减排、发展新能源、创新碳吸收等环节,要真正做好也是很不容易的。从国家层面来讲,集中的这些决策往往会遇到官僚主义,另外预算上也需要层层审批,对于很多具有创新性的探索,要得到非常及时有效的财力支持,恐怕不太容易。另外一个问题在于,当前许多国家财政都面临高债务、高赤字，尤其是在全球金融危机和新冠肺炎疫情之后，赤字和债务已经非常高。在这种情况下，碳税所提供的资金是否能够全部用于碳减排、碳吸收等环节，要打个问号。我们看到，在财政空间十分紧张的情况下，西方国家过去已经承诺的一些支出和拨款，包括千年发展计划、绿色发展计划等，都没有兑现。我们看到，不管从哪里来的收入，都有可能被先用于平衡预算、弥补赤字。这是可以理解的。所以必须明确地把碳税定义为目的税，其收入用于特定支出，即明确规定这个收入只能用于碳减排。当然，即便这样规定了，实践中也会发生困难。此外，还要考虑到，世界上有上百个主权国家，税收是各国自己主权内的事务，税基怎么定，税率是多少，国际上很难进行协调，难以确定一致的做法，使碳税能够得到落实、碳税税率能够合理。因此，各国之间激励机制的力度是不一样的。

与碳税相比，如果利用碳市场，可能对解决这些问题有很大帮助。同时，即便采用碳税，碳税的税率也应该参照碳市场所形成的价格。从金融的角度来讲，碳市场本质上也是一个金融市场，它需要资金的期限转换和风险管理，而且会发展有关的金融衍生产品。利用碳市场，紧接着就会出现相应的金融产品，首先是一些跨期的金融产品会随之产生。其中主要的跨期产品，就是要用未来的碳配额收入以及未来碳配额的期货价格，通过金融市场转变成当前的投资，即用未来的碳减排或碳沉降所能够拿到的收入来支持当期的投资。同时，在投资和投资见到最终效果这个期间有很多风险，需要利用衍生品市场来管理全过程的各种风险。这种跨期的投资周期相当长，存在多种不确定性，要把各种因素之间的关系处理好，就需要风险管理的工具和技能，而风险管理也主要依靠金融市场，金融市场比较容易和碳市场衔接。应该说，只有利用金融市场，才能够把这件事做好。

因此，我们需要从多个维度对碳市场和碳税进行比较，这也涉及政策选择和公共管理的问题。当然，这两种方法也可以结合使用。我认为，可能的结合点，是把一些最基本的、比较确定的、风险比较小的投资科目，比如某些可再生能源的投资科目，依靠碳税所支持的政府投资来完成，碳税的税率也参照碳市场的价格。这样，不会在碳减排方面给市场造成不一致的信号和不一致的激励机制。除了这些"保基本"的项目外，其他大量的在排放和减排之间的平衡，要依靠碳市场来解决。碳市场及其金融功能对比较多的跨期业务、不确定性以及风险管理等有明显长处。

第五，关于跨国界的排放问题。最近，G30 的净零排放（Net-Zero）研究报告发布会也讨论了这个问题。大家知道，二氧化碳升到空中以后，理论上就已经分不清国界了。但是从目前全球治理仍然是以国家为主体的结构来看，只有要求各个国家控制好自己的碳排放，这样全球才能实现碳中和。但也必须看到，存在一些明显超过国界的碳排放，特别典型的就是国际航线的飞机、国际贸易的海运，虽然其二氧化碳的排放量并不是太大，但是未来要实现全球碳中和，也是必须要考虑的内容。如果这样的问题始终谈不拢，将成为全球形成共识和开展合作的负面因素，从而考验我们的全球治理能力和智慧。

大家也知道，欧盟曾经提出要求，从欧盟进出港的国际航线应该缴纳碳税或者购买碳配额，但遭到了世界上许多国家的抵制。我个人感觉，随着全球气候变暖和全球觉悟的提高，大家可能不会抵制征收碳税或者购买碳配额所带来的成本，但是征收碳税或购买碳配额的钱交给谁、由谁来支配，可能会在很多国家之间产生争议，大家都有动机来竞争这些收入。这与全球性互联网平台的数字税问题有一定的相似性，很容易在国际间招致争议和摩擦。这对我们全球治理能力也是一种挑战，需要我们在管理上进行创新。

可以设想，我们应该在全球碳收入支出方面有适度的多边管理能力，使得跨国界的碳排放或者有争议的碳排放能够通过多边治理机构和它所建立的机制来加以解决，这些收入最终应该100%地用于碳减排、发展新能源或者碳沉降。

气候变化与公共治理

——2020年11月7日在清华大学公共管理学院
全球学术顾问委员会会议上的发言

我想借此机会讲一下如何通过公共管理及人才培养来应对全球气候变化。大家都知道,前不久习近平主席在联合国大会上作了重要发言,明确提出中国"努力争取在2060年前实现碳中和"的目标。我个人前不久也参加了三十人小组(G30)关于实现净零排放报告的发布会,我们用的词是碳中和,G30用的是净零排放。中国要实现碳中和或净零排放,需要做很多工作,任务很艰巨,面临很多挑战,这就需要我们培养好这方面的人才。接下来我想讲一下,根据现状我们有哪些重点的事情需要做好研究、做好预案和做好落实工作,同时着力培养好人才。

第一,实现碳达峰、碳中和,我们主要依靠什么机制?这个问题十多年前在中国就有很多争论。争论的内容主要是依靠行政性任务分解还是依靠价格激励。按计划经济的传统办法,可将碳中和任务进行分解,下达给各个省份,要求它们实现碳排放达标,并对它们如何落实、落实与否进行监督检查。另外一条路径是主要依靠价格激励机制,依靠碳税或者碳市场的排放配额价格,提供价格方面的激励机制来加以实现,也就是以市场渠道为主。当然，二者可适度结合，但必须明确主渠道。

当前，我们首先要认识到任务的艰巨性。2060年前实现碳中和，看上去还有40年，但实际上任务还是相当艰巨的。人类历史上，包括在碳减排方面非常积极的欧洲，在40年中做到了什么样的成绩，都是有数字的。同时对中国而言，还有一个基础问题，即我们现在的碳排放在全球碳排放中的比重是非常大的，特别是如果从每生产一单位GDP所产生的二氧化碳的量来讲，我们的基数很高，所以对于我们来讲，这个任务更艰巨、更繁重。因此，仅依靠过去传统的任务分解方式恐怕是有所不足的。我们也知道，由于任务分解的方法缺乏激励机制，有些任务经常是落实不了的，我们过去在计划经济年代就有过类似经验。因此，我们需要更大力度地利用碳市场，"十四五"规划也把这些明确写进去了。与此同时，仅靠这种分解方式将任务下放下去，最后报上来的数字经常有些是不真实的，而与其他许多经济任务相比，二氧化碳排放从核查上来讲，度量问题确实是难点。

碳市场要实现合理定价，首先要有清晰的总量，而且总量要封顶，即在封顶条件下对碳配额进行交易，才能有价格形成的规律性。而峰值总量目前还未明确，特别是在今后这40年每年总量到底是多少，总量又是如何计算的，都还不清晰。这个总量在分配的时候，在前期由于照顾到现有的生产和工艺路线，可能最开始有一部分免费配额分配，其后逐渐减少免费，所以还有个过渡过程。对这个过渡过程的设计也是非常重要的。过渡到某一目标年份，逐步加严的总量控制可以是线性的，也可以是先松后紧或先紧后松的。

大家知道，在中国有一些地方或者一些机构，很早就有积极性发展碳市场,所以中国已有若干个地方建立了一些小规模的碳市场,同时也进行交易。这些小规模碳市场跟未来全国的大市场是什么关系,也是需要探讨的。如果各个市场的设计不一样,中间没有连通的话,所形成的二氧化碳排放价格不一样,也就不利于整个碳减排工作的推进,所以要想办法把这些市场连通起来。

以上是我想讲的第一个问题,即我们要高度重视市场激励机制,也就是碳排放配额的价格,或者是碳税的税率。同时要在这方面有明确的价格形成机制和定量计算规范,并设计出如何通过市场来发展的问题。

第二,要为众多的参与者提供可测算、可作计划的参数。未来完成这样一项伟大而艰巨的任务,国民经济中可能有相当一部分行业和机构、企业都需要参与进来。最开始肯定是抓大头,一般就是抓能源行业;其次大家可能也比较关心交通行业,如汽车、飞机、海运船只等。但2060年前要实现碳中和,恐怕还会涉及更多中等排放量的行业和机构,因此对这些都要进行详细的测算,而测算必用参数,因此需要有权威机构给出参数,让所有涉及碳排放和将来碳沉降(碳汇)的机构能够做到可测算、可计划,以更好地实现这一目标。

可以说,现在还有很多行业和机构并不清楚它们应该使用什么样的参数和度量方法,因为多数的参数并不是在空气中实测二氧化碳来解决的,而是从生产方式、工艺路线、产出和选用的投入品等方面计算出来的。

第三,在实现碳中和的后半期,我们更多的注意力将转移到以碳捕获、碳沉降、碳吸收为主。清华大学能源环境与经济所有一个报告,测算了中国到2060年的能源结构:从2019年到2060

年，化石能源在能源中的占比要从85%降到13%，其中煤炭少一点，天然气少一点，石油还是挺多的。应该说，这个能源结构的变化是非常雄心勃勃的，是需要花费巨大努力才能实现的。总而言之，真正把化石能源和其他一些排放碳的物质完全降到零是非常困难的，因此在我们前半期大力发展可再生能源和其他碳减排的做法以后，后半期可能更大的重点将是碳捕获和碳沉降，这样才能在2060年前实现碳中和。这方面需要很多的创新，除了种树，还会有很多我们未来所指望的技术，包括现在还未出现或者未成熟、工艺上也还不够实用的技术。而要依靠创新又必然带来很多管理和投融资上的问题，其中也包括很多测算工作，需要给出预估的实效。在这种情况下，我们更需要加大对创新的激励，特别是对落实投资和使用方面的激励，这样才有可能实现我们想要的目标。

我十多年以前就开始关注这个问题，曾经呼吁推动CCS技术，即碳捕获与存储技术，主要是考虑到中国煤炭使用的比例还是非常高的。关于绿化种树的问题，或许需要非常大面积地进行绿化，我觉得有必要把参数和计算搞清楚，包括涉及种树的品种、密度等一系列问题，尤其要弄清楚它们究竟在多大程度上能够吸收大气中的二氧化碳。此外，还有一些生物科学方面的研究，比如某些藻类生物是否具有特别强吸收二氧化碳的功能。像这些科技创新，都需要有足够的激励去大力推进。从全球气候变化整体角度来看，我们还需要关心其他排放气体，特别是甲烷气体，需要做的工作也很多，还涉及很多管理体制、激励机制等方面的问题。

第四，碳税与碳市场的选择。关于碳减排的激励机制，国际上也有不同的主张，主要分歧在于究竟是采用碳税，还是更多依靠碳市场。碳税可能更简单一些，但有一个问题，即碳税往往集中在财政手中，而财政能否将其进行最优配置，特别是在当前多国公共债务过高的情况下，能否把这些钱全部用于减排、发展新能源、创新碳吸收等环节，是很不容易的。对于一国政府而言，这些集中决策往往会遇到官僚主义，而且预算还需层层审批，很多具有创新性的试探往往也不太容易得到及时有效的支持。

如果利用碳市场，紧跟着就会出现许多金融产品，包括金融衍生产品、跨期产品，都会产生和发展。其中最主要的跨期产品，就是要利用未来的碳配额及其期货价格，通过金融市场吸引资金并转变为当今的投资，即用未来的碳减排或碳沉降所能够拿到的收入来支持前期的投资，同时还要利用衍生品市场管理全过程的各种风险。像这种跨期的投资周期很长，存在不确定性，必须把各种因素之间的关系处理好。因此，需要从多个维度对碳金融市场和碳税作比较，这也涉及公共管理的问题。

第五，关于超国界的排放问题。G30最近发布的研究报告也涉及了这个问题。二氧化碳升上天空以后，已经没有国界的限定了。从目前全球治理的结构来讲，只有要求各个国家完成本国的碳中和，全球才能真正实现碳中和。与此同时，又存在一些超过国界的碳排放，特别典型的是国际航线的飞机、国际贸易的海运，虽然排放数量并不大，但如果各国就这个问题始终谈不拢，将负面影响全球范围内的共识与合作，考验的是全球治理的能力和智慧。这就需要我们在管理框架上进行创新性考虑，包括通过什么国际治理机构及其机制来加以解决。

以上就是我就跟大家分享的一些想法，这里面很多内容涉及全球科技合作，也有很多是公共治理问题，需要通过培养公共管理人才来加以应对。希望清华公共管理学院能够在全球及中国实现碳中和方面提供更多的建议，同时培养更多的人才参与进来。

2016年G20对绿色金融的讨论

——2016年2月27日和7月25日在G20财长和央行行长上海会议和成都会议上的主持发言

2016年2月27日,中国上海,G20财长和央行行长会

开场部分

现在我们开始本场会议。我知道许多参会者从今天早上8点半开始到现在,已经进行了高强度的讨论,也非常疲惫了。现在这一场会议是今天的最后一场,我们将讨论绿色金融和气候融资的话题。今天这一场会议讨论两个话题,由我和楼继伟部长共同主持。我来主持第一部分绿色金融话题的讨论,楼继伟部长来主持第二部分气候融资话题的讨论。

众所周知,当今世界面临日益严峻的环境挑战。为推动全球经济的绿色转型,我们需要大量的绿色投资。然而,仍有不少绿色投资需求未被满足。我们相信全球金融体系可以在动用私人资本进行绿色投资方面大有作为。在此背景下,中国倡议建立绿色金融研究小组。这一倡议被G20部长会议采纳。绿色金融研究小

组由中国和英国担任联合主席，由联合国环境署（UNEP）担任秘书处。

绿色金融研究小组将在 2016 年关注五个领域的研究内容，分别是银行系统绿色化、债券市场绿色化、机构投资者绿色化、风险分析、进度测量。研究小组将在 7 月 G20 财长和部长会议之前完成研究报告。

现在我来谈一下我们希望研究小组能够达成的三方面目标。第一，为强化全球银行体系的作用、增加绿色信贷供应提供可选措施。第二，为发展绿色债券市场提供可选措施。第三，为提升机构投资者绿色投资偏好提供可选措施。

我们感谢研究小组的准备工作，也感谢 UNEP 的大力支持。

总结发言

今天我们对这一话题进行了深入热烈的讨论。现在我想用以下几点为今天的讨论作一总结。

第一，各位对绿色金融研究小组的建立和小组项目工作体现出了极大的热情和支持。很显然，各财长和央行行长已经意识到金融系统在动员绿色融资以推动全球经济绿色转型方面可以发挥重要作用。

第二，各财长和央行行长支持研究小组的工作目标，包括确定绿色金融来自市场和机制方面的发展障碍；依据各国经验，为增强金融体系动员私人资本进行绿色投资的能力制定可选措施。

第三，绿色金融研究小组的建立是一个非常好的开始，但是绿色金融的发展需要长期不懈的努力。知识共享和能力建设是使银行、资本市场和机构投资者能将资金引导到绿色部门的关键。一些助力能力建设的国际平台已经出现。研究小组可以考虑如何拓展这些能力建设的工作。

第四，研究小组应与 G20 其他工作组、外部倡议以及包括机构投资者在内的私营部门紧密合作。

第五，考虑到各地情况不同，对研究小组建议的采纳应以自愿为基础。

2016 年 7 月 25 日，中国成都，G20 财长和央行行长会

我们很高兴与英国一起担任 G20 绿色金融研究小组的联合主席。在今年上海召开的峰会上，各财长和央行行长要求研究小组识别绿色金融的发展障碍，并基于各国经验提出可选措施以提升金融体系动员私人资本进行绿色投资的能力。

我也希望借此机会感谢联合国环境署（UNEP）。UNEP 作为研究小组的秘书处，作出了很好的贡献。

在过去的 6 个月中，研究小组非常努力地工作，并完成了一份优秀而有见地的绿色金融报告。G20 的成员、嘉宾国以及国际组织都非常积极地参与到这个研究小组的工作中。

研究小组自 1 月以来共开了四次会议。研究小组还组织了一系列绿色金融领域的公开活动，与私营部门进行深度对话，并与 G20 气候融资研究小组等其他工作组和 FSB 气候金融风险披露专职小组开展密切合作。

研究小组成功提交报告，体现了 G20 成员在平衡各自政策重点和自然禀赋后达成的广泛共识。

下面我简单介绍报告的主要结论。其中 Carney 先生已经提到

的部分我就不再赘述了。

研究小组认为环境融资（Financing Environment）与可持续发展需要大量绿色投资。然而绿色金融的发展面临一系列挑战，包括环境外部性的内部化过程中的困难、期限错配、绿色概念不够清晰、信息不对等、分析能力不足等。

在考虑各国经验和市场实践的基础上，研究小组发现金融行业有一系列可选措施来应对这些挑战。研究小组认为绿色金融的发展应由私营部门采取核心行动。G20、各国政府和各国际组织应为绿色金融提供有利环境。

在这一系列报告中，研究小组提出以下发展绿色金融的自愿可选措施：提供清晰的战略性政策信号与框架，推动绿色金融的自愿原则，扩大能力建设学习网络，支持本地绿色债券市场发展，开展国际合作以推动跨境绿色债券投资，鼓励并推动在环境与金融风险领域的知识共享，以及改善对绿色活动及其影响的评估方法。

研究小组认为，鉴于各地情况不同，对于绿色金融的发展并没有"一刀切"的解决办法。因此，报告提供的可选措施供各国在自愿基础上采纳。

同样值得注意的是，虽然绿色金融研究小组今年的任务是研究动员私人资本的绿色投资（公共财政的研究由气候融资研讨小组CFSG负责），但这并不意味着公共财政不重要。公共财政要持续在绿色发展和应对气候变化方面发挥重要作用。

我非常高兴地看到，即使绿色金融研究小组仅仅成立几个月，就已经在知识共享方面作出重大贡献，并且已经巧妙地促成G20的广泛共识。

研究小组不仅吸引了 G20 成员和私营部门的广泛关注，也更加深度参与绿色金融的发展。

我代表联席主席感谢研究小组秘书处和所有参与方，包括 G20 成员和嘉宾国、国际组织和其他知识伙伴的积极贡献。谢谢！

附：《G20 绿色金融综合报告 (2016)》内容摘要

绿色金融指能产生环境效益以支持可持续发展的投融资活动。这些环境效益包括减少空气、水和土壤污染，降低温室气体排放，提高资源使用效率，减缓和适应气候变化并体现其协同效应等。发展绿色金融要求将环境外部性内部化，并强化金融机构对环境风险的认知，以提升环境友好型的投资和抑制污染型的投资。绿色金融应该覆盖各种金融机构和金融资产。绿色金融既要利用公共资金，也要动员私人资本。此外，绿色金融还涉及整个金融体系对环境风险的有效管理。

一、为什么要发展绿色金融

（一）为环境可持续发展提供融资

环境污染、自然资源消耗以及气候变化产生的负面效应，给经济增长造成了巨大的压力和成本。环境可持续发展需要大量投资。国际能源机构、世界银行、经合组织及世界经济论坛的相关估算表明，在未来十年内，全球主要绿色领域（如建筑、能源、基础设施、水以及污染治理等）的投资需求将达数十万亿美元。应对挑战的金融选项已经出现。从历史来看，各国已经采取过许多政策措施,比如财政措施(税收与补贴)、环境监管,以及碳排放交易机制,以应对环境外部性。

(二)提供发展机遇

绿色金融能够促进具有较高潜力的绿色产业发展,推动科技创新,并为金融业带来新的商业机会。向具有较高市场潜力的绿色行业提供足够的融资,能够促进经济增长。清洁技术、节能与环境修复等绿色行业中有许多高科技企业,需要较高的研发支出,能够推动技术进步。发展绿色金融工具,如绿色贷款、绿色债券、绿色投资信托与基金,以及绿色指数和ETFs,对许多金融机构而言也意味着新的业务机会。

(三)改变环境因素对金融机构的影响

低估环境风险可能对金融机构的稳健性和安全性构成挑战。由于环境风险的规模、可能性和关联性已经发生许多新的变化,金融机构管理环境的许多传统做法已不足以应对这些风险。由于金融体系的绿色化会加速资源的重新配置,有可能影响部分经济活动和金融资产的风险和收益(包括正面和负面影响),以及部分金融机构的信用评级和市场风险,因此,政策制定者与金融机构需要对绿色金融带来的机会和风险有更好的理解和更有效的应对。

(四)更好动员公共和私人资金

多数金融工具还可以变得更加绿色,包括大力发展贴标绿色贷款、绿色债券和绿色基础设施信托基金等金融产品。金融科技和伊斯兰金融等新兴领域也在寻求发展绿色金融。政府可以使用公共财政手段来实现积极的环境外部性效应，如对绿色项目进行直接投资或为私人部门的绿色投资提供激励。由于许多国家面临财政资源的制约，私人资本将来很可能成为绿色投资的主要来源。

二、绿色金融发展面临的挑战

绿色金融虽然已经取得一些进展，但仍然面临不少挑战。支持绿色金融的政策导向能够帮助应对部分挑战，但目前有些国家仍面临政策信号不清乃至互相矛盾的问题，成为制约绿色金融发展的因素。一些不合理的公共政策也可能使环境外部性问题更加严重。

（一）环境外部性

绿色金融面临的首要的、最根本的挑战就是如何有效地将环境外部性内部化。这些外部性对于绿色投资而言是"正"的，但如果污染性投资损害了第三方利益，则体现为"负"外部性。由于外部性风险内部化困难，"绿色"投资不足、"棕色"投资过度。

（二）期限错配

在流动性要求较高的资金和长期项目融资需求之间进行期限转换是金融体系应该提供的一个重要功能。但在现实中，相对长期项目的融资需求而言，长期资金供给不足；期限错配成为许多市场常见的挑战，并导致基础设施投资不足。绿色基础设施项目面临同样问题。长期绿色基础设施项目严重依赖银行贷款,而银行由于负债端期限较短,难以提供足够的长期贷款。另外,同一行业内的绿色项目比传统项目往往更加依赖长期融资,因此期限错配更严重。

(三) 绿色金融缺乏明确定义

缺乏对绿色金融活动和产品的明确定义,可能成为投资者、企业和银行识别绿色投资机会的障碍。绿色定义是金融机构开展预算、会计和绩效评估的基础,若没有恰当的定义,它们难以将金融资源配置到绿色项目和资产中去。此外,缺乏绿色定义还可能阻碍环境风险管理、企业沟通和政策设计。

(四) 信息不对称

首先,企业不公布其环境信息,会增加投资者对绿色资产的"搜索成本"。若投资者不了解被投资企业的环境信息(如排放、能源和水的消耗等),就不能有效识别绿色企业并将金融资源配置到这些企业。其次,即使可以获取企业或项目级别的环境信息,若没有持续的、可以信赖的绿色资产"贴标",也会对绿色投资构成制约。再次,不同政府部门的数据管理呈割据状态也会加剧信息不对称。最后,还有一种重要的信息不对称,即金融机构不充分了解某些绿色技术是否在商业上可行,以及绿色投资面临的政策不确定性。

(五) 分析能力不足

金融机构对于环境因素可能导致金融风险的认识仍然处于

早期阶段。银行和投资者尚需提高分析能力，识别和量化其持有资产所面临的由环境因素引致的信用和市场风险。金融机构通常会低估"棕色"资产风险、高估绿色投资风险，导致污染型和温室气体排放较多的项目获得过多投资，而绿色项目投资不足。

三、银行体系绿色化

银行业绿色化的进程在不同国家处于不同的发展阶段，受到银行规模和能力、市场和监管等因素影响。目前，银行是绿色投资的主要融资渠道。在G20国家，许多银行已经将环境风险和机遇纳入商业模式，成为可持续银行战略的内容。催化绿色银行实践的三个关键是：公众要求银行开展负责任的贷款；银行认识到环境问题可能导致金融风险；银行认识到投放绿色信贷可以带来商机。

纵观G20各国绿色银行实践的发展，可以看到两条主线：一是将环境因素纳入银行经营管理框架，二是为绿色投资提供信贷和筹集资金。但银行业的绿色化仍面临多项挑战：一是可持续银行原则的应用有限，二是绿色贷款的期限错配，三是数据缺乏造成的信息不对称，四是缺乏分析和执行能力。

可选的应对措施有：一是在自愿的基础上推动采纳可持续银行原则。"赤道原则"为环境风险管理提供了重要的基准，但目前这个原则仅覆盖项目融资。更多的银行和其他金融机构可以采纳类似赤道原则的承诺，并在董事会层面监督其实施，如要求评估银行面临的气候变化风险，只向通过环境评估的项目提供融资。二是采用创新金融工具来克服期限错配和支持长期绿色项目。三是加强政策协调。四是扩大能力建设网络。

四、债券市场绿色化

绿色债券的好处包括：为绿色项目提供一种新的融资渠道；为绿色项目提供更多长期融资，尤其是在绿色基础设施投资需求较大而长期信贷供给有限的国家；通过"声誉效益"激励发行人将债券收益投向绿色项目；因发行人承诺"绿色"披露，激励其强化环境风险管理流程；为投资者尤其是长期和负责任投资者提供绿色资产，并使投资者有机会参与可持续发展。

对绿色债券进行界定和要求发行人披露资金用途，是避免"洗绿"（green wash）、保持绿色债券市场信誉的基础。全球范围内，已被广泛接受的标准是"绿色债券原则"（GBP）和"气候债券倡议"（CBI）组织制定的标准。2015年12月，中国人民银行发布了绿色金融债券发行准则，中国金融学会绿色金融专业委员会发布了本国的绿色债券定义（《绿色债券项目支持目录》）。2016年1月，印度证券交易委员会（SEBI）通过了绿色债券发行和上市的披露要求。这些努力标志着全球最大的两个发展中国家推出了本币绿色债券市场。2016年3月，墨西哥证券交易所推出"绿色债券"板块，以支持绿色债券在本地的发行和上市。巴西、中国香港、新加坡及其他一些国家和地区正在评估通过绿色债券促进绿色投资的可能性。此外，由鉴证机构和第三方认证机构为绿色债券"贴标"并监督资金用途的做法已经成为绿色债券市场的有机组成部分。

绿色债券市场发展面临的挑战包括：一是不了解绿色债券的

好处和相关国际规则,二是缺乏本币绿色债券的市场准则,三是绿色债券认证和披露带来的额外成本,四是缺乏绿色债券的评级、指数和挂牌交易,五是国际投资者进入本币市场所面临的困难,六是缺乏国内绿色投资者。

应对上述挑战的可选措施包括:一是通过宣传和示范项目,提高对绿色债券好处的认知度;二是支持本币绿色债券市场的发展;三是降低风险溢价以及认证和信息披露的成本;四是发展绿色债券指数、评级和在交易所上市;五是加强国际合作以推动跨境绿色债券投资;六是培育本地绿色投资者。

五、机构投资者绿色化

包括共同基金、保险公司、养老基金和主权财富基金在内的机构投资者在全球管理的资产超过100万亿美元。从对绿色投资者的实践总结中可以发现两大趋势:一是把重要的环境因素纳入核心投资决策过程及与被投资公司的关系;二是将资产配置到绿色金融产品,包括股票、债券、基础设施、房地产和私募基金等。投资者的集体行动是加强承诺、能力建设和提高绩效的关键手段。国家层面和专题、行业层面的组织,如气候变化的全球投资者联盟、绿色基础设施投资联盟、投资组合脱碳联盟等,对于能力建设和加强绿色承诺也很重要。许多机构投资者试图将环境和可持续因素纳入其决策过程,但此过程面临着一系列的挑战,包括缺乏战略性政策信号、责任投资原则的执行不到位、信息和产品有限等。如下可选措施有助于解决上述挑战:一是提供战略性政策信号和框架,二是推动自愿采用责任投资原则,三是强化市场能力产品创新。

六、跨部门问题

(一) 金融机构环境风险分析

许多监管机构也在就环境风险对其金融机构可能产生的影响开展评估。比如，英格兰银行对保险业的评估显示了气候变化对被保险人持有资产的估值可能产生的影响。金融业正在形成一项共识，即对环境因素的金融影响可以从两条轴线进行分析。第一，传统风险分类，即商业风险（包括运营和名誉风险）、法律风险、信用风险和市场风险。第二，环境触发因素：一是物理因素，包括气候和地质事件、土壤质量或海洋生态平衡变化等带来的风险。二是转型因素，指人类对环境变化采取的应对措施所带来的风险，包括但不限于突发性的政策变化、技术变化、投资者情绪变化，以及颠覆性的商业模式创新等。不同环境风险来源、不同类型的金融风险之间也可能存在关联。

(二) 对绿色金融活动的度量

由于不同国家环保政策的重点有所不同，各国对绿色金融尚无统一界定。不过，对绿色金融进行适当的界定并改善其清晰度与可比性，会对投资者、企业、政府及公众有益。绿色金融与"气候资金"有部分重叠的内容，但前者的范围更加宽泛，后者的目标是"减少温室气体排放，增强温室气体的吸收，并降低人类和生态系统对负面气候变化的脆弱性"。目前，一些国家和机构已经从三个层面开始探索建立度量绿色金融活动的指标体系：一是绿色金融的流量与存量（如绿色信贷、绿色债券、绿色企业或项目的股权融资、绿色资产），二是绿色金融的实施情况，三是绿色金融的影响和效果。

下一步，可通过以下步骤改进绿色金融的定义和分类，并开发可用于度量和报告绿色金融活动及其影响的指标。第一，建立度量绿色金融活动及其定义的基础；第二，评估绿色金融的影响。

七、发展绿色金融的主要可选措施

（一）提供战略性政策信号与框架

各国政府可向投资者提供更加清晰的环境和经济政策信号，包括如何具体实施《联合国可持续发展目标》和《巴黎协定》的设想。

（二）推广绿色金融自愿原则

共同制定、完善和实施可持续银行业、责任投资和其他绿色金融领域的自愿原则，并评估执行这些原则的进展情况。

（三）扩大能力建设学习网络

推动扩大和强化包括 SBN、PRI 在内的能力建设平台的作用。这些扩展后的能力建设平台可以覆盖更多的国家和金融机构。

（四）支持本币绿色债券市场发展

对有兴趣发展本币绿色债券市场的国家，国际组织、开发银行和专业市场机构可在数据收集、知识共享与能力建设等方面给予支持，包括与私人部门共同制定绿色债券指引和信息披露要求、培育绿色债券认证能力等。开发银行也可考虑通过担任基础投资者和进行示范发行来支持本币绿色债券市场的发展。

（五）开展国际合作，推动跨境绿色债券投资

推动绿色债券跨境投资，包括在不同市场间开展双边合作。市场参与方可研究设计共同认可的绿色债券投资协议模板。

（六）推动环境与金融风险问题的交流

支持交流和对话，推动私人部门和研究机构探讨环境风险问题，包括金融领域如何开展环境风险分析及管理的方法论等。

（七）完善对绿色金融活动及其影响的测度

G20和各国政府可推动研究绿色金融指标体系及相关定义，并分析绿色金融对经济和其他领域的影响。

八、G20绿色金融研究小组简介

2015年12月15日，在三亚召开的G20财政与央行副手会同意在中国担任2016年G20主席国期间建立G20绿色金融研究小组。绿色金融研究小组由中国和英国担任共同主席，联合国环境发展署担任秘书处。2016年2月发表的上海公报中，G20财长与央行行长重申了研究小组的工作职责，并要求该小组"识别绿色金融发展所面临的体制和市场障碍，并在总结各国经验的基础上，提出可提升金融体系动员私人部门绿色投资能力的可选措施"。

不同国家在发展绿色金融过程中所遇到的主要挑战不尽相同，各国金融体系应对这些挑战的理由和重要性也会有所差异。因此，绿色金融研究小组重点研究和总结了各国目前的做法，并强调各国在自愿的基础上考虑本国措施和参与国际合作的选项。

2016年1月，绿色金融研究小组在北京召开首次会议，同意在五个领域开展深入研究，包括银行业、债券市场、机构投资者三个专门领域，以及风险分析和指标体系两个跨领域问题。此外，部分未列入计划的议题也具有重要意义，如环境信息披露和公共资金的使用等。

利用金融市场支持节能减排工作

——2007年7月为国家环境保护总局《绿叶》杂志撰文

节约能源资源、保护生态环境，是保持经济健康可持续发展的基础条件，是促进人与自然相和谐、构建社会主义和谐社会的重要内容，是坚持以人为本、贯彻落实科学发展观的具体体现。党中央、国务院高度重视节能减排工作，先后作出了一系列重要决策和部署。2007年5月，国务院制定和印发了《节能减排综合性工作方案》，要求高度重视、狠抓落实，进一步加强节能减排工作；6月，国务院正式成立了节能减排工作领导小组，温家宝总理亲自挂帅。这表明，加强节能减排已是摆在我们面前一项十分重要的重点工作。

金融系统应始终高度重视节能减排的金融服务工作，认真落实国务院召开的节能减排电视电话会议精神。同时，也要从强化金融机构在环保和节能减排方面的社会责任意识和风险防范意识、建立有效的信息机制、对与环境承载能力相适应的生产能力配置给予市场和政策方面的支持、理顺价格发挥市场基础作用等角度入手，运用金融市场鼓励和引导产业结构优化升级和经济增长方式的转变。

一、强化金融机构在环保和节能减排方面的社会责任意识和风险防范意识

近年来,我国经济快速增长,各项建设取得巨大成就,但也付出了很大的资源和环境代价,经济发展与资源环境的矛盾日趋尖锐,群众对环境污染问题反应强烈。这种状况与经济结构不合理、增长方式粗放直接相关。不加快调整结构、转变经济增长方式,经济的持续发展难以为继。1995 年由联合国秘书长安南提出、2000 年启动的联合国"全球协议"中明确提出了企业对环境所承担的社会责任,提出企业应对环境挑战未雨绸缪,应主动增加对环保所承担的责任,鼓励无害环境技术的发展与推广等内容。

当今,保护环境,构建和谐社会,实现可持续发展已经成为全社会共识。金融机构应充分认识到节能减排工作的重要性和紧迫性,牢固树立环保和节能减排的社会责任意识。金融市场着力引导金融机构在建设资源节约型、环境友好型社会中发挥积极作用,推进经济结构调整和增长方式转变,促进经济发展。

商业性金融机构在面对环保和能耗减排有问题客户时,要有风险意识。从今年第一季度看,工业特别是高耗能、高污染行业增长过快,占全国工业能耗和二氧化硫排放近 70% 的电力、钢铁、有色、建材、石油化工、化工 6 大行业增长 20.6%,同比加快 6.6 个百分点。国务院明确要求控制高耗能、高污染行业过快增长。随着政策导向的调整、有关法制的健全和监督检查执法力度的加大,不符合环保和节能减排要求的行业和企业将面临更为严厉的政策环境。金融机构对待公司客户应有这种政策风险意

识，从提高信贷资产质量的角度，应当对高耗能、高污染、高排放等落后企业的信贷风险予以足够的警惕。

二、要建立有利于环保和节能减排的信息机制

一是要加强信贷政策窗口指导。为落实国务院《节能减排综合性工作方案》，人民银行、有关监管机构及银行业协会要加强宣传指导，提示金融机构在发放信贷时要充分考虑如何有效控制高耗能、高污染行业的过快增长，加快淘汰落后生产能力，全面实施节能减排重点工程，推动节能减排科技进步，突出搞好重点企业节能减排和大力发展循环经济，切实提高信贷资产质量。

二是要将企业排放和环境违法有关信息逐步纳入企业征信系统。近年来，从收集共享银行信贷信息起步的银行征信系统所采纳的信用信息范围逐步扩大，已逐步包含了企业和个人的信贷、信用信息及其他某些相关信息，目前正在考虑增加涉及企业排放和环保行为方面的有关信息。今后，征信系统将进一步加强对节能减排重点企业的跟踪，进一步为金融机构授信提供服务，不断提高金融机构资产质量；为政府、企业和个人提供相关查询服务，切实加大环保节能执法力度。

三、金融市场要对与环境承载力相适应的生产能力重新配置予以支持

近年来，由于大量制造业的快速发展，我国东部沿海某些地区的环境承载能力已接近极限。与此同时，西部地区欠发达、产

业资金匮乏现象并存。从世界范围看，不发达国家和地区也极希望得到国际产业转移的支持。因此，推动产业结构优化升级和生产能力依据环境承载能力进行再配置已是当务之急。当然，在生产能力再配置过程中，要避免走先污染再治理的老路。

在这个生产能力再配置过程中，金融市场和有关金融政策方面都有可能发挥支持作用，通过拓宽融资渠道、改进外汇管理、提高保险支持能力，支持企业更好地识别和发挥自身的比较优势，对企业"走出去"提供混合贷款、银团贷款、资产证券化、股票、债券和项目融资等多种金融工具和金融市场服务，继续深化境外投资外汇管理改革等，为企业及金融机构在更大范围内优化生产能力配置及其环境适配性而服务。

四、理顺资源和环境价格，发挥市场机制的调节作用

一是充分发挥价格机制的作用。通过积极推进资源性产品价格改革，放开价格管制，理顺煤炭、成品油、天然气、水、电、矿产资源的价格，提高排污费征收标准等手段，利用价格机制的作用，通过比价效应抑制高污染、高耗能、高排放项目，促进符合环保要求和有利于节能减排的新技术脱颖而出。

二是认真研究、借鉴国际上的碳交易机制，探索在国内试行排放配额制，发展排放配额交易市场。国际投资者对碳交易兴趣日趋浓厚，全球范围内越来越多的气候交易所的成立也说明了碳交易有可能成为一种有效的机制。目前，国际上碳交易主要有三种机制：CDM、JI、ET。从欧盟内部温室气体减排计划的运作方

式看，成员国家将排放额度以排放许可证的形式分配给各个公司，这些公司只能在额度内排放温室气体，否则视为违法。如果企业最后无法达到排放额度的要求，可以通过"排放额度交易系统"向其他超额完成减排任务的公司购买多余的排放额度（ET），或者帮助发展中国家推行清洁能源项目（CDM），或者通过植树活动来换取额外的"信用额度"。借鉴国际上的碳交易机制，我国可研究探索排放配额制和发展排放配额交易市场，通过金融市场发现价格的功能，调整不同经济主体利益，有效落实环保和节能减排。此外，这一交易体系也为农田保护性耕作提供了一种新的市场化的补偿机制。

总之，金融部门要充分认识节能减排工作的重要性和紧迫性，坚决贯彻中央精神，采取切实有效措施，促进"十一五"节能减排目标的实现，促进经济社会全面协调可持续发展。

金融服务应关注并支持新的经济增长点：扩大内需、升级换代、关注气候、支持减排

——2008年12月13日在《财经》年会上的演讲

党中央、国务院近来非常强调扩大内需，刚刚闭幕的中央经济工作会议特别强调，中国经济应对这场国际金融危机最主要的一个方面就是扩大内需。

当然，强调扩大内需的一个原因就是现在外需比较弱，特别是今年11月出口已经是负增长了。前两天报纸上说感恩节美国长岛的沃尔玛商场挤破了玻璃和门，还踩死了人，尽管有伤亡是不好的，但似乎说明美国的消费需求还挺旺盛。后来听美国人解释说，是因为沃尔玛大减价，减得非常厉害，所以才有人抢购，而其他的一些中高档商店今年的景气程度则比较差。这说明外需恐怕不可能强劲，现在对外需的依赖程度不能一厢情愿。所以，扩大内需成为非常重要的环节。

我们已经推出多项扩大内需的政策措施，从"4万亿"一揽子计划，到家电下乡，等等。同时，在这个时节，支持经济结构调整，支持产品和技术的更新换代，正当其时，这也是中央经济工作会议着重强调的一点。

金融服务应关注并支持新的经济增长点：扩大内需、升级换代、关注气候、支持减排

产品的升级换代可以极大地创造需求，产生新的经济增长点。大家说，"旧的不去，新的不来"。那么，要想扩大需求，新产品、新科技、新工艺就成为很重要的一个方面了。当然，新产品出来，旧的东西扔了也可能是一种浪费，但总的来讲，我们能够享用更先进、更有效、更加环保、更以人为本的产品，总体上还是节约的，也符合科学发展观的要求，同时也符合当前扩大内需的需求。

我觉得我们搞金融的人要特别注意从金融体系想办法去支持技术改造，支持产品和工艺的升级换代。我们要从传统金融走向现代化。金融现代化，并不是有些人理解的，金融市场上出现了花样繁多的金融衍生产品，当然这些金融衍生产品有一部分很有用，但也有一部分制造了很多的麻烦。我们要理解的金融现代化是，金融服务业要服务于整个经济社会的发展，金融业要更多地为科技发展、自主创新、中国创建创新型国家服务，要更多地为技术改造、社会进步服务，也要更多地体现以人为本，为了人的全面发展服务。

因此，我借这个机会想说的是，除了大家可能已经描述过的多个方面以外，我们需要更加关心金融服务在科技创新、技术改造、升级换代，以及这个过程中的大量风险管理方面的作用。这件事情如果做得好，会激发新的经济增长点和巨大的需求，是我们当前扩大内需的一个重要方面。

我先讲几个升级换代可以导致需求大幅度提升的例子。比如说电视，过去是黑白的，后来是彩色的，现在又进入了高清和平板显示时代，当前的显示屏以液晶（LCD）为主，也有等离子（PDP）的，但现在的清晰度均升至1080p，从而为宽带和多用途

应用做好了准备，这将带动很大的需求。我们的制冷设备，如电冰箱、空调等，过去是用氟利昂做制冷剂的，这对臭氧层产生不良影响，现在我们将改成非氟利昂的，而且将强制换代，产生快速更新的内需。我们的个人计算机，20世纪80年代开始使用的芯片是Intel 8088，协处理器是8087，后来几经升级换代，最近大家用的都是双核的；在操作系统方面，80年代是DOS操作系统，后来升级更新到多种Windows，现在是Windows Vista，新的Windows 7也要出来了。我们办公室的电脑显示器已不再是CRT的，而是液晶的了。

再一个涉及升级换代的实例是我们的手机，80年代很多用BP机，少数人有手机，当时的手机有砖头块大小，后来是2G、3G，还要在3G上实现三网合一。一些人也一直是在期待着3G和4G，说中国如果3G的牌照发放得太慢的话，可能耽搁内需增长，当然，也会使消费者更晚享受到技术上的成果及其应用。

电子类产品升级换代很快，但在GDP中的价值比重并不太高。价值更大的就是汽车了。关于汽车，大家除了看性能，也渐渐更加注重排气，从欧Ⅲ标准，到欧Ⅳ标准，还在继续提高。现在大家关注的是新一代的汽车，或者是氢气的，或者是电动的，或者是混合动力的。那么，这就会导致一系列的改变，包括整个汽车工业，还有配套的整个燃料的供应系统都会发生改变，从而产生相当大的内需和新增长点。另一个价值量大的是住房，会出现更多的节能型住房，除了新建的节能型住房以外，还有很多老的住房在改造成节能型的。在比较寒冷的欧洲国家，我们能看到很多这种住房改造工程，这些改造有利于更加环保和更加节能，同时，这种改造也可以拉动当前的内需。

金融服务应关注并支持新的经济增长点：扩大内需、升级换代、关注气候、支持减排

关于升级换代，从技术上看有两种途径：一种是兼容型的升级，也就是升级的时候新的标准能兼顾旧产品的使用者，当然这需要在设计上、制造上有更周全的考虑。由于兼顾了更多人的使用，因此升级的台阶会受到一些牵制。另一种是跨越型的、非兼容型的升级，老一代就作废了，不能用了，必须买新的。在途径选择上，除了技术上的考虑外，也可以把内需、产业振兴和环境考虑在内。

尽管我们举了电子和汽车、住房的例子，但是我感觉到有一个比汽车更大的升级换代，就是能源。能源升级换代，最主要的关切是温室气体的排放问题，就是我们能不能跨到一个新能源阶段，减少二氧化碳的排放。

对于减排问题，中国政府是十分重视的。我们在"十一五"规划的时候就特别强调了减排，但那个时候我们并没有完全想好，指的是对于二氧化碳的排放，当时还是回避了。当时我们讲的减排，主要是二氧化硫的减排和COD（即化学需氧量）的减排。政府每年都非常重视这两项减排指标完成的情况。二氧化碳的减排之所以是一个难题，当时还看不清到底是什么路子，主要在于：到底有没有一个具体的科学技术手段能够解决二氧化碳的排放？会不会因强调了二氧化碳的减排，结果压制了中国经济的发展，压制了人们提高生活水平和人民走向小康的步伐？再有一点，当时实际上大家也不知道气候变暖是不是真像科学家所说的，或者是一部分科学家所说的，真的有那么大危害。现在，这方面的问题大家都不断有新的认识，我不是这方面的专家，也不好下什么结论。但是，目前看来这个问题越来越值得受到重视，我们也不得不重视。

关于新能源和减少碳排放，有一些非常值得关注的技术，比如风力发电、太阳能电池，属于可再生能源。但是以兆瓦小时计量其年供电量而言，与传统发电相比，这些技术目前还只能解决量小的需求。大处入手还是要解决传统发电的排放，就是燃煤发电（及少量燃油发电、燃气发电）的碳排放问题。发电方面的出路实际上是多样的，也是很复杂的，一个重要的出路是搞核电，但核电也是个很复杂的问题，中美战略经济对话中把核电合作作为一个重要的项目来讨论，对此我们给予了支持。但是，核电在将来发电总量上到底能占多大的比重？这个问题还是值得讨论的。我觉得现在应该给予重视的，可能还有CCS技术（就是碳捕获和碳存储技术），而且我们金融业在这个方面应是有所作为的。

燃烧化石燃料产生的二氧化碳，如果我们做了碳捕获，并且把二氧化碳存储下去，会怎样呢？就是这个CCS技术需要用发出的一部分电来进行碳捕获和碳存储，即在这个捕获和存储过程中可能会多消耗一部分燃料和电能。多消耗多少呢？现有的一种数据说是多消耗21%到91%，也就是说发出来的电会贵一些。这就涉及贵一些的电究竟如何使用的问题。

如依靠近地的地质结构存储，则典型的燃煤发电的电厂可以通过增加25%的煤的消耗量来解决这个问题，天然气发电会更少些，约增加消耗15%。但是起步应用时因有其他技术上的开销，也可能会导致消耗量稍多一些。最低廉的二氧化碳的存储技术是在地质结构中寻找可以存储二氧化碳的地方，比如开采过的油田、气田，或者其他类似的地质结构。如果这个地质结构正好与发电厂离得比较近的话，存储技术可以使二氧化碳在地下长期保存，那么，这可以减排多少呢？CCS技术可以使二氧化碳减排

90%，当然这取决于不同的工艺。

CCS技术不是有些人想象的非常遥远的东西，因为我们在全世界，如挪威，加拿大，美国的得克萨斯、密西西比，荷兰，澳大利亚等都看到了试验的成功。捕获二氧化碳当然还有多种技术，在分类上，一种是燃烧后的捕获，典型的是烟道煤气的捕获；另一种是燃烧前的捕获。也还有其他的办法。我们如果把烟道气体压入已经开采的油田，还可以增加油田的采量。还有利用气田和盐矿地质结构、玄武岩结构等其他的存储技术。此外，大家还在探讨对二氧化碳的海洋存储和矿物法的存储技术，矿物法是把二氧化碳变成碳酸镁、碳酸钙之类的东西。

大家可能会怀疑，地质存储是不是会导致漏出？现在得到的技术说明，99%的概率能够保证地质类型的二氧化碳的存储会超过1000年不会漏出。因此，这是一个大的升级换代。

减排可能是技术更新换代非常重要的一步，拉动的需求都是以千亿、万亿为单位来计量的，而且减排看来是始终绕不过去的，减排投资可能也是我们未来某个阶段迟早要实施的。所以，这就是一个什么时候做的问题。

像这样的升级换代，如果我们抓住几项，内需很可能得到显著提高。当然，我不是忽略主流的扩大内需的方面，我猜想其他的扩大内需的方面大家已经谈到了。

接下来谈一下减排问题如何涉及金融服务。如果说发的电比现在正常的发电要贵25%或者是50%，究竟谁愿意使用呢？搞经济的都知道，使用者一般来说不管电是怎么发出来的，但知道有便宜的就不用贵的。所以，是要有人承担使用比较贵的电的成本。有两种办法：一种是全成本法，就是所有使用电力的人，从今后某一个时候开始,都必须使用比以前贵25%到50%的电力。这样恐怕对经济的影响太大。还有一种是增量成本法,就是谁要增加电力使用的话,就应该付出比较贵的价格。这有点像大家设计的家庭用水定额和用电定额,定额以内是便宜的,定额以上要贵些。

因此,我们就回到了一个定价和配置的经济学问题,也就是碳配额的问题。一些金融市场都在试图搞碳配额交易。如果在国际上搞碳配额,会出现很多问题,比如发展中国家和发达国家之间不公平的问题。因为早发展的国家曾有大量排放且已很富裕,后发展的国家有较少的历史责任但当前急需发展,全球性的碳配额涉及公平的问题,这个问题不是那么容易解决的。

可以先搁置国际上碳配额的分配和交易问题,只是从中国自身出发,是不是要控制未来二氧化碳的排放?如果要控制总量,可在国内搞一个碳配额,国内的碳配额起步时应是增量配额,也就是说,承认历史上已经有的碳排放量,但是今后要多用电,就要承担更高一点的价格。我注意到,前不久人民银行配合其他单位开了一个研讨会,专门讨论碳配额和碳税问题。

碳配额交易联系到了金融市场的作用。我们说,金融市场是可以为碳配额进行定价的,可以发现它的价格,以此决定增量碳排放的配置是不是最优配置问题。另外,增量配额的配置又可以进一步转换投资资金的来源与期限配置问题。实际上金融市场在为减排的投资寻找来源。像刚才所说的,不管是核电还是CCS,都需要非常巨大的投资,有很多的工艺路线等都改变了。这些新投资是要计算未来回报的,其中有很大一部分回报应该是从未来的使用者当中收取的,而这又与碳配额的定价及配置有关。也就是说,从碳配额到减排投资,金融市场都可以起到重要的媒介作用。

这还涉及当前投资和新科技得以应用的时间差问题。一项投资在实现投资收益之前需要相当一段时间,通过金融市场人们有办法在投资的供给和需求之间搭起桥来,引进中介角色来填补这个空缺。这样,金融市场就发挥了在时间轴上挪动并匹配供给和需求的作用。

最后一点,金融可以在市场上帮助大家进行风险管理。任何一项涉及未来的减排,涉及未来的新科技,都有大量的风险,有些做得成,有些做不成,而这些风险管理正好是在我们资本市场要做的事。

因此,金融业要千方百计地支持高新科技的发展,支持自主创新,支持创建创新型国家。如果做得好,那么我们可以在升级换代中扩大需求,支持新的经济增长点,同时也可以让金融界在升级换代中找到自己的用武之地,提供更好的金融服务。在新时代的进程中,金融业会越来越面向走资本运作路线,越来越少依靠传统的间接融资。当然,也要掌握好适度和质量,这次金融危机表现出有人在金融创新上玩得太过火了,走得太快也会出问题。从总的趋势上来讲,我们将更多地依靠金融市场运作,包括定价、市场交易、风险管理等各项技术。